Reichsgerichts-Entscheidungen

in kurzen Auszügen

Zivilsachen — Band 149

1937

München, Berlin und Leipzig

J. Schweitzer Verlag (Arthur Sellier).

Reichsgerichts-Entscheidungen

in kurzen Auszügen

Zivilsachen Band 149

1 9 3 7
München, Berlin und Leipzig
J. Schweitzer Verlag (Arthur Sellier)

Printed in Germany

Druck von Dr. F. P. Datterer & Cie., Freising-München.

Von dieser Sammlung erschienen folgende Bändchen:

I. Zivilsachen:	Bd.	76—100	. . .	je RM.	0.80
	„	101—140	. . .	je RM.	1.—
	„	141—149	. . .	je RM.	2.—
Serien:	„	76—149	mit 3 Reg. 83—119, 120—130, 131—140	zus. RM.	77.—
	„	81—149		zus. RM.	73.—
	„	91—149		zus. RM.	66.—
	„	101—149		zus. RM.	58.—
	„	111—149		zus. RM.	50.—
	„	121—149		zus. RM.	35.—
Gesamtregister zu	Bd.	83—119	. . . .	RM.	6.—
Gesamtregister zu	Bd.	120—130	. . . .	RM.	1.80
Gesamtregister zu	Bd.	131—140	. . . .	RM.	1.50
II. Strafsachen:	Bd.	45—55	. . .	je RM.	0.80
	„	56—64	. . .	je RM.	1.—
	„	65—69	. . .	je RM.	2.—
Serie:	Bd.	45—69	mit Ges.-Reg. zu Bd. 45—60	zus. RM.	28.—
Gesamtregister zu	Band	45—60	. . . .	RM.	3.70

Jedes Bändchen entspricht einem Bande der amtlichen Sammlung.

1. **Fremdwährung. Goldwertschuld. Hypothek.** (BGB. §§ 133, 242, 244, 1113.) Im Oktober 1930 wurde ein Landgut bei Bremen verkauft. Der Kaufpreis wurde auf 11 000 Dollar nordamerikanischer Währung vereinbart; er sollte mit 6% verzinst und in Teilbeträgen von jährlich 1000 Dollar bezahlt werden. Zur Sicherheit wurde eine Hypothek in der Höhe von 46 200 Feingoldmark für ein angebliches Darlehen eingetragen. Bis zur Abwertung des Dollar, die ihren Anfang im April 1933 nahm, wurden die Zinsen und Teilzahlungen in Reichsmark nach dem jeweiligen Dollarbriefkurs geleistet. Nach dem 1. Mai 1933 verlangte der Verkäufer Umrechnung nach dem Goldwert des alten Dollar. Der Käufer klagte auf Feststellung, daß er berechtigt sei, die Zahlungen in Reichsmark nach dem jeweiligen Dollarkurs zu leisten. In zwei Rechtszügen drang die Klage durch. Das Reichsgericht wies sie ab. Die Anwendung deutschen Rechts entsprach dem übereinstimmenden Willen der Vertragsteile. Die Kaufpreisschuld war eine im Inland zahlbare, in nordamerikanischer Währung ausgedrückte Geldschuld, bei der nicht ausdrücklich Zahlung in ausländischer Währung bedungen war; sie konnte also durch Zahlung in Reichswährung unter Umrechnung des Dollar zum Kurswert am jeweiligen Zahlungstag getilgt werden. Bei dieser Vereinbarung gingen beide Teile von der Erwartung aus, der Dollar werde wertbeständig bleiben. Indem aber eine Verkehrshypothek für ein Darlehen von 46 200 Feingoldmark eingetragen wurde, trat eine Umwandlung der in Dollarwährung vereinbarten Kaufgeldschuld in eine Forderung von dieser Höhe ein. Damit war die in Dollar ausgedrückte Kaufgeldschuld als Goldwertschuld gesichert. Demgemäß konnte unter dem Dollar im Sinne des Kaufvertrags nur der Dollar auf der alten Goldwertgrundlage, wie er zur Zeit des Vertragsschlusses bestand, verstanden werden. Der abgewertete Dollar war etwas ganz anderes, das für die Zahlungen des Klägers nicht in Betracht zu ziehen war. (V, 2. Oktober 1935.) Amtl. Sammlg. S. 1—6.

Vgl. Bd. 106 S. 74; Bd. 141 S. 213.

2. **Schädigung eines Minderjährigen. Mitverschulden. Aufsichtspflicht.** (BGB. §§ 254, 278, 1631, 1634.) An einem Schulausflug zur See nahm mit einer Schülerin auch deren Mutter teil. Das Kind streckte eine Hand zum

Kajütenfenster hinaus; da das Schiff ganz nahe an der Schleusenmauer fuhr, wurde die Hand so gequetscht, daß sie abgenommen werden mußte. Der Klage des Kindes auf Schadenersatz stellte der verklagte Eigentümer des Schiffes den Einwand eines Mitverschuldens der Mutter entgegen. Das Berufungsgericht gab der Klage nur zu einem Viertel statt. Das Reichsgericht verwies die Sache zurück. Soweit bei der Bemessung von Schadenersatz das Mitverschulden des Beschädigten in Betracht kommt, handelt es sich nicht um die Verletzung einer gegenüber einem anderen bestehenden Rechtspflicht, sondern um ein Verschulden in eigener Sache, das sich in der Außerachtlassung der Aufmerksamkeit und Sorgfalt äußert, die nach Lage der Sache zur Wahrnehmung der eigenen Angelegenheiten jedem ordentlichen und verständigen Menschen obliegt, um Schaden zu vermeiden. In entsprechender Anwendung des § 278 BGB. muß sich der Beschädigte das Verschulden seines gesetzlichen Vertreters anrechnen lassen. Der Vater des Mädchens war nach § 1631 BGB. verpflichtet, die Angelegenheiten des Kindes, soweit dieses selbst dazu nicht imstande war, wahrzunehmen, es insbesondere vor körperlichen Gefahren zu beschützen. Nichts anderes konnte gelten, wenn die Mutter die Aufsicht über das Kind ausübte. Es versteht sich von selbst, daß der Vater, wenn er abwesend ist, die Mutter aber das Kind begleitet, seine Aufsichtspflicht auf die Mutter überträgt und daß diese die Ausübung der Pflicht übernimmt. Ein Ausnahmefall, in dem das nicht zuträfe, müßte bewiesen werden. Das war nicht geschehen. Bei der Nachprüfung der Frage, welchen Einfluß das Verhalten der Mutter auf die Schadenersatzpflicht des Beklagten hatte, war aber nicht genügend berücksichtigt, daß die Mutter mit der Schiffahrt und ihren Gefahren nicht vertraut war; deshalb war zu erwägen, ob das Verschulden der mit den Verhältnissen vertrauten Schiffsbesatzung nicht schwerer in das Gewicht fiel als jenes der Mutter. (I, 6. März 1935.)
Amtl. Sammlg. S. 6—8.

3. **Konkursanfechtung. Frist.** (KO. § 41; ZPO. §§ 39, 276, 496.) Eine Anfechtungsklage wurde am letzten Tage der Frist beim sachlich unzuständigen Amtsgericht eingereicht; von diesem wurde sie erst nach Ablauf der Frist an das Landgericht verwiesen. Das Berufungsgericht wies sie

als verspätet ab. Das Reichsgericht gab der Revision des Klägers statt. Im amtsgerichtlichen Verfahren genügt zur Wahrung einer Frist die Einreichung der Klage beim Gericht, wenn die Zustellung demnächst erfolgt. Das muß auch gelten, wenn das Amtsgericht sachlich unzuständig ist und die Klage an das zuständige Gericht erst durch Verweisung gelangt. Die Parteien können für eine vor das Landgericht gehörige, jedoch vor dem Amtsgericht erhobene Klage die Zuständigkeit des Amtsgerichts vereinbaren; sie können auch die Verweisung an das Landgericht durch einfachen Beschluß herbeiführen. Auch im Falle der Verweisung bildet das Verfahren vor dem Landgericht mit dem amtsgerichtlichen Verfahren einen einheitlichen Rechtszug. Auf die Fragen der Klageerhebung am örtlich unzuständigen Gericht oder der ausschließlichen Zuständigkeit brauchte nicht eingegangen zu werden. (VII, 4. Oktober 1935.) Amtl. Sammlg. S. 9—12. Vgl. Bd. 3 S. 303; Bd. 88 S. 294; Bd. 92 S. 40; Bd. 114 S. 126; Bd. 132 S. 284; JW. 1917 S. 231; 1929 S. 870.

4. **Patentverletzung.** (PatG. §§ 4, 35.) Für ein Verfahren zum Abbinden von elektrischen Leitungen sowie für Geräte, die dabei in Verwendung kommen sollten, war ein Patent erteilt. In einer Fabrik wurden Gummitüllen (kleine Gummiröhren von engem Durchmesser) hergestellt und zum Abbinden von elektrischen Leitungen angeboten. Der Inhaber des Patents klagte auf Unterlassung. Das Berufungsgericht stellte fest, daß das geschützte Verfahren des Abbindens nur mit dem geschützten Gerät ausgeführt werden konnte und daß für den Gebrauch eines patentwidrig in den Verkehr gebrachten Geräts kein Nachweis vorliege. Die Klage wurde demgemäß abgewiesen; auch die Revision des Klägers hatte keinen Erfolg. In einer neuen Klage behauptete der Kläger, die frühere Entscheidung sei von unrichtigen tatsächlichen Voraussetzungen ausgegangen, denn die Ausübung seines patentrechtlich geschützten Verfahrens mittels der vom Beklagten hergestellten Gummitüllen sei auch mit anderen Werkzeugen als dem geschützten Gerät möglich. Der Beklagte erklärte sich bereit, die Abnehmer seiner Gummitüllen darauf hinzuweisen, daß für ihre Verwendung zum Abbinden elektrischer Leitungen das Patent des Klägers bestehe. In diesem Sinne wurde er verurteilt. Die Revision des Klägers

hatte keinen Erfolg. Das Berufungsgericht hatte eine patentverletzende Benutzung der Tüllen durch die Abnehmer des Beklagten verneint, da nach dem Gutachten des Sachverständigen die Verwendung der Tüllen fast nur mit Verwendung der patentrechtlich geschützten Zange des Klägers möglich war und einer vereinzelten Benutzung der Tüllen mit anderen Werkzeugen als seltener Ausnahme im Vergleich zu der durchaus überwiegenden Regel keine praktische Bedeutung beigemessen werden könne. Das Reichsgericht erklärte hiezu, daß es der herrschenden Rechtsanwendung nicht widerspreche, eine Patentverletzung dann zu verneinen, wenn der Erfolg des Patents nur in ganz unbedeutendem, für die regelrechte, verkehrsmäßige Patentausnutzung völlig unwesentlichem Maße oder Umfang eintritt. Verfahrensrechtlich fand das Reichsgericht die Ausführungen des angefochtenen Urteils nicht bedenkenfrei. Das Berufungsgericht war davon ausgegangen, daß die gleiche Rechtslage wie im früheren Verfahren gegeben sei. Der Kläger hatte aber die in jenem Verfahren getroffene Feststellung, daß praktisch nur mit einer Zange gearbeitet werde, als unzutreffend bezeichnet und Beweis für die Verwendung anderer Werkzeuge angeboten. Das war unberücksichtigt geblieben. Der Beklagte hatte dagegen vorgebracht, daß es auf die vom Kläger erwähnten Werkzeuge nicht ankomme, solange keines davon in praktischer Ausführung vorgewiesen werde. Dem war nicht beizustimmen, da der Kläger für die tatsächliche Benutzung dieser Werkzeuge Beweis angetreten hatte, auch mit der Wahrscheinlichkeit zu rechnen war, daß solche Werkzeuge, auch wenn sie bisher nicht gebrauchsfertig auf den Markt gekommen waren, doch in absehbarer Zeit zur praktischen Verwendung kommen konnten. Aus dem Rechtsgrunde der mittelbaren Patentverletzung wäre es demgemäß gerechtfertigt gewesen, dem Beklagten die Herstellung, Feilhaltung und Veräußerung von Gummitüllen zum Abbinden elektrischer Leitungen zu verbieten. Das Berufungsgericht hatte aber als genügend erachtet, wenn der Beklagte zur Abwendung der Verletzungsgefahr (d. h. zur Verhütung patentverletzender Benutzung der Tüllen durch seine Abnehmer) beim Vertrieb der Tüllen auf das Patent des Klägers hinwies. Hienach konnte damit gerechnet werden, daß die Abnehmer von Verletzungen des Patents zurückgehalten würden. Demgemäß hatte es sachlich bei dem Urteil sein Bewenden. (I, 5. Oktober 1935.)

Amtl. Sammlg. S. 12—19.

Vgl. Bd. 133 S. 326; Bd. 146 S. 26.

5. **Kriegsschäden. Abtretung. Genehmigung. Laufende Rechnung. Konkurs.** (KrSchSchlG. §§ 1, 2; BGB. §§ 185, 398, 420, 432; HGB. § 355; KO. § 65.) Ein Kaufmann, der bis zum Krieg gemeinsam mit seinen 5 Kindern in England einen Juwelenhandel betrieben hatte, machte für den Verlust des Geschäfts Entschädigungsansprüche gegen das Reich geltend und erhielt solche auch zugebilligt. Am 9. Mai 1927 trat er an eine Bank, mit der er in laufender Rechnung stand, zur Sicherung ihrer Forderungen seine Entschädigungsansprüche bis zur Höhe von 30000 *RM* ab. Am 11. November 1927 erklärten seine Frau und seine 3 Töchter, daß die Abtretung mit ihrem Einverständnis erfolgt sei; die beiden Söhne hatten schon im Juni 1927 ihre Anteile an den künftigen Entschädigungsforderungen an ihre Schwestern übertragen. Am 24. Oktober 1927 wurde Konkurs über das Vermögen des Vaters und der Söhne eröffnet. Durch Bescheid vom 22. Oktober 1929 wurde eine Schlußentschädigung von 30950 *RM* zuerkannt und in das Reichsschuldbuch eingetragen. Am 10. Juli 1930 wurde das Konkursverfahren gegen den Vater, am 25. Juni 1932 das gegen die Söhne aufgehoben. Die Bank verlangte die Umschreibung der Entschädigung mit Ausnahme des unpfändbaren Betrags von 1000 *RM* auf sie sowie die Auszahlung der Zinsen und erhob in diesem Sinne Klage gegen den Schuldner, seine Frau und seine Kinder. In zwei Rechtszügen drang die Klage durch; die Revision der Beklagten hatte nur in einem Nebenpunkte Erfolg. Die Entscheidung hing vor allem davon ab, ob die Ansprüche übertragbar waren. Das Reichsgericht hatte in einer früheren Entscheidung (Bd. 134 S. 225) die Zulässigkeit der Pfändung solcher Forderungen mit der Begründung verneint, daß künftige Forderungen nur dann übertragen werden könnten, wenn sie bestimmt oder doch bestimmbar seien; vor dem Inkrafttreten des Kriegsschädenschlußgesetzes (1. April 1928) sei aber eine Rechtsgrundlage für diese Forderungen nicht gegeben gewesen. Eine neue Stellungnahme zu dieser Frage war nicht notwendig, weil die rechtsgeschäftlichen

übertragungen solcher Ansprüche mit dem Inkrafttreten des Gesetzes wirksam geworden sind. § 185 BGB. findet auch Anwendung auf Verfügungen eines noch nicht Berechtigten, wenn seine Berechtigung später eintritt. Allerdings darf es sich nicht um völlig ungewisse, zur Zeit der Verfügung in der Luft schwebende Zukunftshoffnungen handeln; es müssen vielmehr Ansprüche vorliegen, die sich aus einer in sicherer Aussicht stehenden Fortentwicklung des Rechtes in naher Zukunft ergeben werden. Das traf aber für den vorliegenden Fall zu. Auch aus anderen Gründen konnte gegen die Gültigkeit der Abtretung kein Einwand erhoben werden. Die verklagten Mitglieder der Familie mit Ausnahme der Mutter hatten in England gemeinschaftlich ein Handelsgeschäft betrieben. Sie hatten sich wegen dieser Gemeinschaft noch nicht auseinandergesetzt; es bestand also unter ihnen eine Art Liquidationsgesellschaft. Wenn die Entschädigung für alle Mitglieder der Familie gewährt und eingetragen wurde (die Einbeziehung der Frau beruhte anscheinend auf einem Versehen), so ergab sich daraus, daß sie alle zur gesamten Hand berechtigt wurden. Die Abtretung, die der Vater erklärte, war von allen übrigen Berechtigten genehmigt und demgemäß für alle wirksam geworden; jedenfalls trat die Wirksamkeit mit dem Inkrafttreten des Kriegsschädenschlußgesetzes ein. Zweifelhaft war, ob der Klägerin mit Recht Zinsen aus der laufenden Rechnung für die Zeit nach der Konkurseröffnung zugebilligt worden waren. Mit der Konkurseröffnung war die laufende Rechnung erloschen; von da an konnten nur noch von dem Schlußsaldo einfache Zinsen berechnet werden. Die Klägerin hatte die laufende Rechnung auch noch nach der Konkurseröffnung fortgesetzt. Es war zu prüfen, ob der Gemeinschuldner die Abrechnungen anerkannt hatte; das konnte auch durch schlüssige Handlungen stillschweigend geschehen. Wenn das der Fall war, ergab sich daraus auch die Berechtigung der Forderung von Zinseszinsen. (VII, 11. Oktober 1935.) Amtl. Sammlg. S. 19—25.
Vgl. Bd. 22 S. 148; Bd. 92 S. 398; Bd. 93 S. 292; Bd. 110 S. 94; Bd. 125 S. 411; Bd. 129 S. 284; Bd. 134 S. 225; Bd. 139 S. 118.

6. **Apotheke. Handelsgeschäft. Anfechtung. Arglistige Täuschung.** (BGB. § 123; HGB. § 25.) C. war Inhaber

einer Realkonzession für eine Apotheke. Er schloß im Jahre 1931 einen Vertrag mit B., wodurch er diesem die Verwaltung der Apotheke übertrug; B. übernahm ohne Änderung der Firma das Warenlager und die im Vertrag bestimmten Lasten der Apotheke, verpflichtete sich insbesondere zur Zahlung aller von ihm bestellten Waren. Im Jahre 1933 kamen C. und B. zu der Auffassung, daß der Vertrag rechtlich unzulässig gewesen und darum ungültig sei. Sie trafen zum Zweck der Auseinandersetzung ein Übereinkommen, wonach alle Ansprüche aus dem Vertrag erloschen sein sollten. C. übernahm wieder das Warenlager und verpflichtete sich, die bis zum 31. August 1933 für die Apotheke entstandene Bankschuld bis zum Betrage von 12500 *RM* zu zahlen. Eine Drogengroßhandlung, die an B. Waren geliefert hatte, verlangte hierfür Bezahlung von C. Das Berufungsgericht wies die Klage ab. Das Reichsgericht verwies die Sache zurück. Durch das Übereinkommen von 1933 erwarb der Beklagte die Apotheke zurück und führte sie unter der bisherigen Firma, die auf Grund des Vertrages von 1931 auch von B. benutzt worden war, weiter. Nach § 25 HGB. haftete er demgemäß für alle im Betriebe des Geschäfts von B. begründeten Verbindlichkeiten. Darauf, daß der Erwerbsgrund nicht Kauf, sondern ein anderer Vertrag (Vergleich, Auseinandersetzung) war, kam es ebensowenig an wie darauf, ob der Vertrag von 1931 wirklich rechtsungültig gewesen war. Der Beklagte hatte behauptet, daß er das Übereinkommen von 1933 wegen arglistiger Täuschung angefochten habe. Auch das konnte ihn von der Haftung nicht befreien. Der Rechtsgrund der Haftung aus § 25 HGB. ist die in der Fortführung des Geschäfts unter der bisherigen Firma liegende, an die Öffentlichkeit gerichtete Erklärung, für die bisherigen Geschäftsschulden haften zu wollen, verbunden mit dem Erwerb der Grundlage für diese Schuldenhaftung, des Geschäftsvermögens. Um einer solchen an die Öffentlichkeit gerichteten Erklärung willen hat das Reichsgericht wiederholt ausgesprochen, daß im Falle der Gründung einer Gesellschaft und ihrer Eintragung in das Handelsregister der neu eintretende Gesellschafter für die bisherigen Geschäftsschulden des früheren Einzelkaufmanns persönlich haftet, auch dann, wenn der Gesellschaftsvertrag mit Erfolg angefochten oder sonst nichtig ist. Das hatte im gegebenen Falle entsprechend zu gelten, zumal der Beklagte dauernd als Inhaber des Geschäfts im Handelsregister eingetragen gewesen war. Eine Ausnahme hätte nur dann Platz greifen können, wenn die Klägerin den aus einer arglistigen Täuschung hergeleiteten Anfechtungsgrund gekannt hätte oder hätte kennen müssen. Dafür war nichts vorgebracht. Welche Bedeutung die Anführung der Summe von 12500 *RM* in dem Übereinkommen hatte, ob damit nur gesagt werden sollte, daß die Schulden so hoch seien, oder ob die Haftung dadurch beschränkt werden sollte und auch beschränkt werden konnte, war noch zu prüfen. (II, 11. Oktober 1935.)

Amtl. Sammlg. S. 25—29.

Vgl. Bd. 76 S. 439; Bd. 89 S. 97; Bd. 93 S. 227; Bd. 142 S. 98; Bd. 145 S. 155.

7. **Unterhaltsansprüche. Feststellungsklage. Zuständigkeit.** (GVG. § 23.) Im Oktober 1922 schlossen geschiedene Eheleute einen Vertrag, wonach die Frau sich durch Überlassung von 600000 Mk. für alle künftigen Unterhaltsansprüche für abgefunden erklärte. Im September 1934 erhob sie vor dem Amtsgericht Klage auf Zahlung einer Unterhaltsrente. Der Mann klagte daraufhin vor dem Landgericht auf Feststellung, daß der Vertrag vom Oktober 1922 gültig sei. In zwei Rechtszügen wurde die Feststellungsklage wegen Unzuständigkeit abgewiesen. Das Reichsgericht verwies die Sache an das Landgericht zurück. Bei Feststellungsklagen gelten für die Zuständigkeit dieselben Vorschriften, die für Leistungsklagen maßgebend sind. Für Ansprüche auf Erfüllung einer durch Ehe oder Verwandtschaft begründeten gesetzlichen Unterhaltspflicht ist das Amtsgericht zuständig. Das gilt auch für vertraglich geregelte Unterhaltsansprüche, wenn diesen die gesetzliche Unterhaltspflicht zugrunde liegt, so daß vertraglich nur die Höhe der Leistungen geregelt wird. Im vorliegenden Falle war aber nicht eine Rente, sondern eine Kapitalabfindung ausbedungen worden, ohne daß hierfür eine gesetzliche Grundlage ersichtlich war. Demgemäß war für die Klage das Landgericht zuständig. (IV, 14. Oktober 1935.)

Amtl. Sammlg. S. 29—31.

8. **Rechtsmittel. Zulässigkeit.** (ZPO. §§ 99, 322.) Für geleistete Arbeiten wurde eine Forderung von 9000 *RM* geltend gemacht. 5000 *RM* waren an eine Sparkasse abge-

treten worden, die daraufhin einen Kredit von 4500 *RM* eröffnet hatte. In der Klage wurde verlangt, den Beklagten zur Zahlung von 4000 *RM* an den Kläger und von 5000 *RM* an die Sparkasse zu verurteilen; hilfsweise wurde beantragt, den Beklagten zu verurteilen, daß er den Kläger von der Forderung der Sparkasse befreie. Das Landgericht gab dem Hilfsantrage statt. Der Beklagte zahlte daraufhin die ganze Summe an den Kläger und legte Berufung ein mit dem Antrag, den im ersten Rechtszug gestellten Hilfsantrag des Klägers abzuweisen, im übrigen aber den Rechtsstreit für erledigt zu erklären; zur Begründung führte er aus, er fühle sich dadurch beschwert, daß seine Verurteilung zur Befreiung des Klägers von seiner Schuld gegenüber der Sparkasse auf Verzug gestützt worden sei. Die Berufung wurde als unzulässig zurückgewiesen. Die dagegen eingelegte sofortige Beschwerde hatte keinen Erfolg. Zu einer bloß theoretischen Entscheidung darüber, ob das Landgericht mit Recht den Befreiungsanspruch als Verzugsschadenfolge angesehen hatte, war die Berufung nicht eröffnet; vielmehr entfiel die Beschwer des Berufungsklägers dadurch, daß er den Anspruch zwischen Urteilserlaß und Berufungseinlegung erfüllte, und zwar nicht nur, um eine Vollstreckung abzuwenden, sondern um die Schuld zu bezahlen. Die Anfechtung eines Urteils im Kostenpunkt allein ist nicht zulässig (VII, 18. Oktober 1935.) Amtl Sammlg. S. 31—34

Vgl. Bd. 102 S. 290.

9. Polizeiliche Eigentumsbeschränkung. Aufopferungsanspruch. Ruhrsiedlungsverband. Mitverschulden. (BGB. § 254; Einl. z. PrALR. §§ 74, 75; PrFluchtLG. § 11; PrRuhrSiedlVerbG. § 16.) Für ein Grundstück im Gebiet des Ruhrsiedlungsverbandes wurde die nachgesuchte Bauerlaubnis nur in jederzeit widerruflicher Weise erteilt. Der Eigentümer erklärte, daß dadurch der Verkaufswert des Grundstücks erheblich gemindert worden sei und daß er auch schwere Einbuße in seinem Gewerbebetrieb erlitten habe; er klagte gegen den preußischen Staat auf Schadenersatz. Der Anspruch wurde dem Grunde nach als berechtigt anerkannt. Voraussetzung des Aufopferungsanspruchs ist, daß ein Recht durch eine Polizeiverfügung, die einen rechtmäßigen Akt der Verwaltung darstellt, verletzt worden ist. Das traf zu, da die Baubeschränkung zur Sicherung einer vom Ruhrsiedlungsverband gesetzmäßig festgelegten Fluchtlinie ergangen war. Durch ein Sondergesetz war die Geltendmachung des Anspruchs nicht ausgeschlossen. Der Einwand eines Mitverschuldens des Klägers war mit Recht abgelehnt worden, da gegenüber einem Aufopferungsanspruch eine Berufung auf Mitverschulden ausgeschlossen ist. Streitig war insbesondere, ob sich der Anspruch gegen den Staat oder gegen den Ruhrsiedlungsverband zu richten hatte. Das Reichsgericht hat früher (Bd. 82 S. 81) den Grundsatz aufgestellt, daß als Träger der Entschädigungspflicht nur die Gemeinde oder der Staat in Betracht komme, und daß die Entschädigungspflicht den Staat treffe, wenn der Eingriff in einer über lediglich örtliche Belange hinausgreifenden Weise dem allgemeinen Wohle diene. Ob dieser Grundsatz festgehalten werden konnte, ließ das Reichsgericht dahingestellt, da im vorliegenden Falle der verklagte Staat unmittelbar begünstigt war, so daß außer Prüfung bleiben konnte, ob daneben auch noch der Ruhrsiedlungsverband ersatzpflichtig war und als Gesamtschuldner neben dem Staat haftete. Der Ruhrsiedlungsverband hat weitgreifende Staatszwecke zu erfüllen. Bei seiner Gründung bestand die Absicht, 150000 Arbeiter zu Zwecken der Kohlenförderung im Ruhrgebiet neu anzusiedeln; wenn auch dieser Plan später aufgegeben wurde, hat doch der Verband ausschließlich unmittelbare Staatszwecke, nicht aber eigene Zwecke zu verfolgen. Im Gegensatz zu anderen Selbstverwaltungskörpern stellt er nicht eine natürlich gewachsene und geordnete Lebensgemeinschaft mit eigenen Zwecken dar — wie Gemeinde und Staat — sondern nur ein rein organisatorisches Zweckgebilde. Die dichtere Besiedlung des Verbandsgebietes sollte nicht Zwecken des Verbandes, sondern Zwecken des Staates (durch Ermöglichung der Steigerung der Kohlengewinnung) dienen; es war sogar denkbar, daß eine solche künstlich gesteigerte Siedlung dem eigenen Leben des im Verbande zusammengefaßten Gebietes nicht nützlich war. (VII, 8. Oktober 1935.) Amtl. Sammlg. S. 34—45.

Vgl. Bd. 28 S. 275; Bd. 36 S. 273; Bd. 80 S. 298; Bd. 82 S. 81; Bd. 118 S. 22; Bd. 126 S. 356; Bd. 137 S. 183; Bd. 139 S. 285; Bd. 140 S. 276; Bd. 144 S. 325.

10. **Schiedsrichterliches Verfahren.** (ZPO. §§ 253, 297, 308, 1034, 1041, 1042, 1043.) Zum Betrieb eines Umschlag- und Lagerplatzes für Holz wurde ein Gelände vermietet, auf dem sich ein Krahn befand. Dieser wies Mängel auf, die seinen ordnungsmäßigen Gebrauch hinderten. Der Mieter nahm selbst Ausbesserungsarbeiten vor, rief aber dann das auf Grund des Vertrages errichtete Schiedsgericht an und beantragte, den Vermieter zum Ersatz der Auslagen und zur Anerkennung seiner Ausbesserungspflicht zu verurteilen. Das Schiedsgericht gab dem Antrag statt, hinsichtlich des zweiten Teils in der Form, daß es den Beklagten verurteilte, bestimmte Ausbesserungsarbeiten vornehmen zu lassen. Dem Antrag auf Vollstreckbarerklärung des Schiedsspruchs in dieser Hinsicht setzte der Beklagte den Einwand entgegen, daß das Schiedsgericht über den Antrag des Klägers hinausgegangen sei. In zwei Rechtszügen wurde die Vollstreckbarerklärung abgelehnt. Das Reichsgericht gab dem Antrage statt. Auch für das schiedsgerichtliche Verfahren gilt der Verhandlungsgrundsatz; das Schiedsgericht darf nicht über Streitpunkte entscheiden, die nicht Gegenstand des Parteivorbringens gewesen sind, und darf keiner Partei etwas zusprechen, was sie nicht beantragt hat. Die Anträge vor dem Schiedsgericht bedürfen aber keiner schriftlichen Abfassung, ja nicht einmal einer ausdrücklichen Kundgabe, es sei denn, daß im Schiedsvertrag Gegenteiliges vereinbart worden ist. Die Anträge können daher im Regelfalle auch stillschweigend gestellt werden; das Schiedsgericht kann sie aus der Gesamtheit des ihm unterbreiteten Streitstoffes entnehmen und insofern auch über die besonders gefaßten Anträge der Parteien hinausgehen. Die Befugnis hierzu ergibt sich daraus, daß die Schiedsrichter das Verfahren, soweit nicht die Parteien eine Vereinbarung getroffen haben, nach freiem Ermessen bestimmen. Die Vorschriften über die Fassung der Anträge im ordentlichen Verfahren finden im schiedsrichterlichen Verfahren keine, auch keine entsprechende Anwendung. Die Schiedsrichter dürfen bei Auslegung des Parteibegehrens davon ausgehen, daß die Parteien von ihnen eine wirtschaftlich zweckmäßige und praktische Erledigung des Streites verlangen. Handeln sie nach diesen Grundsätzen, so verstoßen sie nicht gegen den Verhandlungsgrundsatz, sondern be-

achten ihn vorbildlich. Es konnte auch dahingestellt bleiben, ob der Schiedsspruch ein Feststellungsurteil oder eine Verurteilung zu einer bestimmten Leistung darstellte; auch Schiedssprüche, die nur Feststellungsurteile enthalten und darum nicht vollstreckt werden können, dürfen für vollstreckbar erklärt werden, um die Geltendmachung von Aufhebungsgründen auszuschließen. (VII, 11. Oktober 1935.) Amtl. Sammlg. S. 45—51.

11. **Badischer Gemeindebeamter. Ruhegehalt. Gehaltsrückzahlung.** (BerBeamtG. §§ 3, 4, 8, 17; 3. DurchfVO. z. BerBeamtG. Nr. 1 § 8; BadDurchfG. z. BerBeamtG. § 5; BRÄndG. § 79.) Der Bürgermeister einer badischen Stadt wurde auf Grund des § 4 des Gesetzes zur Wiederherstellung des Berufsbeamtentums am 14. Oktober 1933 aus dem Dienst entlassen. Er klagte gegen die Stadt auf Zahlung des Gehalts für das Jahr 1933 und Gewährung eines Ruhegehalts. Das Berufungsgericht gab dem Anspruch teilweise statt. Beide Teile legten Revision ein. Das Reichsgericht verwies die Sache zurück. Gegen den Anspruch auf Zahlung des Gehalts bis zum Ende des Jahres 1933 hatte die Stadt eingewendet, daß der Kläger infolge Nichtabzugs der von ihm zu leistenden Ausgleichsabgabe zu viel Gehalt bezogen habe und zur Rückzahlung dieser Beträge verpflichtet sei. Das Berufungsgericht hatte diesen Einwand mit der Begründung zurückgewiesen, daß nach § 79 BRÄndG. zu viel erhaltene Gehaltsbezüge nicht zurückzuzahlen seien. Diese Vorschrift gilt aber nur für Leistungen, die nach dem Inkrafttreten des Gesetzes gemacht worden sind, nicht dagegen für Leistungen, für die schon vorher ein Rückzahlungsanspruch bestand. Insoweit war die Revision der Stadt begründet. Ob der Rückzahlungsanspruch zu Recht bestand, mußte allerdings erst noch geprüft werden. Gegenüber dem Anspruch des Klägers auf Ruhegehalt hatte sich die Stadt auf § 8 der 3. DurchfVO. z. BerBeamtG. berufen, wonach Voraussetzung für die Gewährung des Ruhegehalts ist, daß nach den bestehenden allgemeinen Vorschriften Ruhegehalt verlangt oder gewährt werden kann; für den Fall der Entlassung aus dem Dienst sei aber ein Ruhegehalt nach der badischen Gemeindeordnung nicht vorgesehen. Nach dieser Auslegung würde aber die Gewährung eines Ruhegehalts an Beamte, die auf Grund der §§ 3, 4 BerBeamtG. aus

dem Dienst ausscheiden müssen, kaum je in Betracht kommen; regelmäßig erhalten Beamten Ruhegehalt nur dann, wenn sie wegen Dienstunfähigkeit oder wegen Erreichung der Altersgrenze den Dienst verlassen. § 8 BerBeamtG. sieht aber gerade für solche Beamte die Gewährung von Ruhegehalt vor. Nur Beamte, deren Dienststellen überhaupt nicht mit Ansprüchen auf Ruhegehalt oder mit der Möglichkeit der Gewährung von Ruhegehalt verbunden sind, können auch im Falle ihrer Entlassung auf Grund der §§ 3, 4 BerBeamtG. Ruhegehalt nicht verlangen. Das gilt auch für Gemeindebeamte, wenn diese auch in der Durchführungsverordnung nicht ausdrücklich erwähnt sind; Nr. 1 der Bemerkungen zu § 8 des Gesetzes nennt keine besonderen Beamtengruppen und muß darum auf alle Beamten bezogen werden. Nach dem badischen Durchführungsgesetz ist die Entlassung auf Grund des Berufsbeamtengesetzes der Nichtwiederwahl gleichzustellen; ob das Gesetz durch das Berufungsgericht richtig ausgelegt worden war, entzog sich der Nachprüfung. Nach § 4 BerBeamtG. erhält ein nach dieser Vorschrift entlassener Beamter für die ersten 3 Monate nach der Entlassung sein volles Gehalt und von da an 3/4 des Ruhegehalts. Damit ist aber nicht ausgeschlossen, daß ein Beamter nach einer im Rahmen der Landesgesetze getroffenen Vereinbarung günstiger gestellt wird. Es hing also von dem Inhalt der vom Kläger mit der Stadt getroffenen Vereinbarung und ihrer Auslegung ab, ob der Kläger das volle Gehalt, das nach der Vereinbarung im Falle der Nichtwiederwahl noch ein Jahr lang zu zahlen war, als Ruhegehalt für diese Zeit beanspruchen konnte. (III, 15. Oktober 1935.)

Amtl. Sammlg. S. 51—62.

12. **Parteivernehmung.** (ZPO. §§ 137, 141, 150, 161, 445; RG. zur Änderung des Verfahrens in bürgerlichen Rechtsstreitigkeiten Art. I Nr. 11, 35, 36.) In einem Rechtsstreit ordnete das Gericht das persönliche Erscheinen der Parteien an und hörte sie zur Sache; ihre Angaben wurden nicht in die Sitzungsniederschrift aufgenommen. Die hierauf gestützte Revision hatte keinen Erfolg. In die Sitzungsniederschrift sind nur die Ergebnisse der neu eingeführten förmlichen Parteivernehmungen (§§ 160, 161 ZPO.), nicht aber die Ergebnisse einer formlosen Vernehmung der Parteien (§§ 137, 141 ZPO.) aufzunehmen.

Eine förmliche Vernehmung der Parteien hatte nicht stattgefunden. (VI, 17. Oktober 1935.)

Amtl. Sammlg. S. 63—64.

13. Nacherbschaft. Sicherheitsleistung. Auskunftspflicht. (BGB. §§ 2113, 2120, 2127, 2128, 2130.) In einem Testament waren die Frau des Erblassers als alleinige Erbin, die Kinder des Erblassers als Nacherben eingesetzt; außerdem war bestimmt, daß die Vorerbin nicht berechtigt sein solle, durch Schenkungen unter Lebenden über den Nachlaß zu verfügen. Die Frau nahm an, daß sie befreite Vorerbin sei, und belastete ein Nachlaßgrundstück mit Hypotheken. Einer der Nacherben klagte gegen sie mit dem Antrag auf Feststellung, daß sie nicht befreite Vorerbin sei, ferner auf Verurteilung zur Auskunftserteilung über den Bestand des Nachlasses und Sicherheitsleistung. Das Berufungsgericht gab der Klage statt. Das Reichsgericht verwies die Sache zurück. Selbst wenn die Beklagte nicht befreite Vorerbin war, ergaben sich gegen das Urteil rechtliche Bedenken. Regelmäßig wird allerdings eine die Rechte des Nacherben verletzende Verwaltungshandlung des Vorerben (§ 2127 BGB.) oder ein die Besorgnis einer Verletzung der Rechte des Nacherben begründendes Verhalten (§ 2128 BGB.) angenommen werden können, wenn der Vorerbe eigenmächtig Verfügungen vornimmt, die zwar im Falle des Eintritts der Nacherbfolge unwirksam sind, aber doch die Stellung des zum Erben gewordenen Nacherben wenigstens tatsächlich beeinträchtigen. Es darf aber nicht übersehen werden, daß nach diesen Vorschriften eine erhebliche Verletzung der Rechte des Nacherben in Frage stehen muß. Eine solche ist dann ausgeschlossen, wenn die Handlung des Vorerben zur ordnungsmäßigen Verwaltung des Nachlasses erforderlich war. Die Beklagte hatte behauptet, zur Bestellung der Hypotheken aus Gründen der ordnungsmäßigen Verwaltung des Grundstücks veranlaßt gewesen zu sein. Das war noch zu prüfen. (IV, 14. Oktober 1935.) Amtl. Sammlg. S. 65—68.

14. Schadenversicherung. Repräsentant. Typischer Vertrag. (VersVertrG. §§ 1, 61; BGB. §§ 242, 1374.) Ein landwirtschaftliches Anwesen, das im Grundbuch auf eine Frau eingetragen war, wurde mit der Fahrnis gegen Brandschaden versichert. Den Vertrag unterzeichnete der Ehemann für die Frau. Nachdem die Gebäude abgebrannt waren, wurde Anklage gegen den Ehemann wegen vorsätzlicher Brandstiftung erhoben; er wurde aber wegen mangelnder Beweise außer Verfolgung gesetzt. Die Versicherungsgesellschaft verweigerte die Auszahlung der Versicherungssumme für die Gebäude und verlangte die schon ausgezahlte Versicherungssumme für die Fahrnis zurück. Die Frau klagte auf Feststellung, daß die Gesellschaft zur Zahlung der Versicherungssumme verpflichtet sei. Die Gesellschaft erhob Widerklage auf Rückzahlung der Fahrnisentschädigung. In zwei Rechtszügen wurde die Klage abgewiesen und der Widerklage stattgegeben. Das Reichsgericht verwies die Sache zurück. Das Berufungsgericht hatte angenommen, der Ehemann der Klägerin sei als ihr Repräsentant anzusehen gewesen, so daß sie es gegen sich gelten lassen müsse, wenn er den Brand angelegt habe. Diese Eigenschaft des Ehemanns hatte das Berufungsgericht daraus gefolgert, daß er schon nach dem gesetzlichen ehelichen Güterrecht zur Verwaltung der versicherten Gegenstände befugt gewesen sei, weiter daraus, daß er zum Erwerb des Anwesens den größeren Teil beigetragen habe, und daß die Eintragung der Frau als Eigentümerin nur erfolgt sei, um einen Zugriff der erstehelichen Kinder des Ehemanns auszuschließen; auch wirtschaftlich habe sich der Mann als der Eigentümer des Anwesens benommen. Das Reichsgericht erklärte, daß diese Feststellungen nicht ausreichten, um eine Repräsentanteneigenschaft des Mannes zu begründen. Dieser von der Rechtsprechung für das Gebiet des Versicherungsrechts geschaffene Begriff ist zu beschränken auf Fälle, in denen ein Geschäftsbetrieb, mindestens ein Geschäftsbereich von einiger Bedeutung vorliegt, innerhalb dessen ein anderer an Stelle des Versicherungsnehmers steht. Demnach müssen Verhältnisse gegeben sein, die den klaren Schluß darauf gestatten, daß der Versicherungsnehmer nicht selbst jene Geschäfte wahrnehmen konnte oder wollte, in denen ihm das auch nach Lage der Dinge billigerweise nicht zugemutet werden konnte, Fälle also, in denen ein gewisses Bedürfnis nach jeder Repräsentanz bestand und die tatsächlichen und rechtlichen Verhältnisse auch jenem Bedürfnis entsprechend sich gestaltet hatten. Diese Voraussetzungen fehlten im vorliegenden Falle. Es handelte sich um ein kleines Anwesen, und die wenigen Geschäfte, die in versicherungsrechtlicher Hinsicht zu erledigen waren, hätten ohne weiteres von der Klägerin erledigt werden können. Kraft des gesetzlichen Güterrechts war der Mann zur Vornahme dieser Geschäfte berechtigt, die Frau hatte ihn auch damit beauftragt; damit war aber noch kein Geschäftsbereich (geschweige denn ein Betrieb) geschaffen, auf den sich das Versicherungsverhältnis bezog und innerhalb dessen der Mann an Stelle der Frau hätte stehen können. Es handelte sich nicht um einen zusammenhängenden Kreis von Geschäften, aus dem sich etwas wie eine laufende Verwaltung oder sonstige Vertretungstätigkeit für den Eigentümer hätte ergeben können und auf den sich das Versicherungsverhältnis bezogen hätte. Da der Ehemann nicht als Repräsentant der Frau angesehen werden konnte, wurde für diese auch der Versicherungsanspruch nicht verwirkt, wenn er den Brand anlegte. Auch sonst reichten die Feststellungen des Urteils nicht für die Abweisung der Klage aus. Gegenstand der Schadensversicherung ist nicht die versicherte Sache, sondern das versicherte Interesse, und dies wieder besteht in dem objektiven Wert einer Beziehung zwischen einer Person und einer Sache, insofern sie durch den Gefahrenbereich, auf den sich die Versicherung bezieht, gefährdet ist. Diese Art von Beziehung braucht sich keineswegs gerade auf das Eigentum an der versicherten Sache zu stützen. Inhaber der Beziehung kann an Stelle oder neben der im Versicherungsvertrag als Versicherungsnehmer oder Versicherter bezeichneten Person auch ein anderer sein. Dieser ist dann zwar nicht förmlich, aber in Wirklichkeit auch Versicherter im Sinne der Vorschriften des Versicherungsvertrags, die vorsehen, daß der Versicherte den Versicherungsfall vorsätzlich oder durch grobe Fahrlässigkeit herbeiführt. Zu diesem Ergebnis führt, soweit vorsätzliches Handeln in Frage kommt, auch die Anwendung des § 242 BGB. Demgemäß war zu prüfen, wieweit der Ehemann als Versicherter in diesem Sinne angesehen werden konnte. Hierüber fehlten noch nähere Feststellungen. Wenn der Ehemann der Klägerin als der wahre wirtschaftlich Versicherte in Betracht kam, wurde die Gesellschaft von der Verpflichtung zur Leistung frei, wenn er den Versicherungsfall vorsätzlich herbeigeführt hatte. Daß der Versicherungsvertrag in diesem Sinne zu verstehen war, konnte das

Reichsgericht durch freie Auslegung entscheiden, da es sich um einen typischen Vertrag handelte und der Geschäftsbetrieb der Gesellschaft sich über den Bereich eines Oberlandesgerichts hinaus erstreckte. (VII, 15. Oktober 1935.)
Amtl. Sammlg. S. 69—75.
Vgl. Bd. 37 S 150; Bd 51 S. 20; Bd. 81 S. 117; Bd. 83 S. 43; Bd. 117 S. 327; Bd. 135 S. 370; Bd. 145 S. 384.

15. Bürgschaft einer Gemeinde. Verschulden bei Vertragsschluß. Arglist. (PrLandGemO. für die östlichen Provinzen § 114; Städteordnung für die Provinz Hessen-Nassau § 56; Landgemeindeordnung für Hessen-Nassau § 78; PrG. vom 29. Mai 1931 über die Aufnahme von Darlehen durch Gemeinden und Gemeindeverbände.) Für ein Darlehen, das eine Bank einem industriellen Unternehmen gewährte, übernahm im Jahre 1927 eine Stadt in Hessen-Nassau die selbstschuldnerische Bürgschaft. Als die Bank von ihr Zahlung verlangte, berief sie sich darauf, daß die Bürgschaftsübernahme mangels Genehmigung des zuständigen Bezirksausschusses ungültig gewesen sei. In allen Rechtszügen wurde die Klage abgewiesen. Nach der Städteordnung für Hessen-Nassau, die mit der Landgemeindeordnung für diese Provinz und mit der östlichen Landgemeindeordnung wörtlich übereinstimmt, ist die Genehmigung des Bezirksausschusses notwendig für jede neue Belastung ohne gesetzliche Verpflichtung. Darunter ist die Übernahme jeder auch nur bedingten Verpflichtung auf die Gemeinde zu verstehen, die ihr bisher nicht oder nicht in dieser Höhe obgelegen hat. Daß in verschiedenen Kreis- und Provinzialordnungen und im Gesetz vom 29. Mai 1931 neben den Neubelastungen ohne gesetzliche Verpflichtung die Übernahme von Bürgschaften besonders angeführt ist, rechtfertigt nicht die Folgerung, daß die Städteordnung für Hessen-Nassau die Übernahme von Bürgschaften nicht als neue Belastung der Gemeinde ansehen wollte. Es kann nicht angenommen werden, daß in den gleichen Provinzen den Gemeinden ohne Genehmigung habe gestattet werden wollen, was ihren übergeordneten Kreis- und Provinzialverbänden versagt worden ist. Daß die Stadt durch eine Grundschuld auf dem Eigentum des Unternehmers gesichert worden war, reichte nicht aus, eine Belastung für sie rechtlich zu verneinen; das Berufungs-

gericht hatte festgestellt, daß die Grundschuld nicht beitreibbar sei, ohne den Betrieb zum Stillstand zu bringen, und daß in diesem Falle die Grundschuld nicht gedeckt sein würde. In der Revision war ausgeführt, der Stadt liege ein Verschulden beim Vertragsschluß zur Last, weil sie verpflichtet gewesen wäre, die Genehmigung herbeizuführen. Es stand aber nicht fest, daß die zuständigen Beamten ein Vorwurf treffe; in einem Erläuterungswerk zur hessen-nassauischen Städteordnung war die Auffassung vertreten, daß eine Genehmigung für die Übernahme einer Bürgschaft nicht notwendig sei. Demgemäß konnte auch dem Einwand der Unwirksamkeit nicht der Gegeneinwand der Arglist entgegengesetzt werden. (VI, 17. Oktober 1935.)
Amtl. Sammlg. S. 75—80.
Vgl. Bd. 107 S. 180, 357; Bd. 117 S. 121, 287.

16. **Erbhof. Pacht. Genehmigung.** (RErbG. §§ 1, 2, 37; BRVO. vom 15. März 1918.) In einem Pachtvertrag über ein ländliches Anwesen war gesagt, daß der Vertrag der Genehmigung des Anerbengerichts und des Landratamts bedürfe. Das Anerbengericht erteilte die Genehmigung, der Landrat versagte sie. Die Klage auf Feststellung, daß der Vertrag zwischen den Parteien wirksam sei, wurde in allen Rechtszügen abgewiesen. Die Bundesratsverordnung vom 15. März 1918, wonach jede Vereinbarung, die den Genuß der Erzeugnisse eines Grundstücks von über 5 Hektar Größe zum Gegenstande hat, der Genehmigung der zuständigen Verwaltungsbehörde bedarf, besteht noch zu Recht und ist durch das Reichserbhofgesetz nicht überholt worden. Die Genehmigung ist nicht erforderlich bei Rechtsgeschäften, die nach anderen Vorschriften der Genehmigung des Landesherrn oder einer Verwaltungsbehörde bedürfen und diese erhalten haben. Das Anerbengericht ist keine Verwaltungsbehörde, sondern ein Sondergericht der freiwilligen Gerichtsbarkeit. Die Gesichtspunkte, aus denen das Anerbengericht und die Verwaltungsbehörde ihre Prüfung vorzunehmen haben, decken sich auch nicht völlig. Das Anerbengericht hat darauf zu sehen, daß der Hof bei Kräften und eine gesunde Sippe auf ihm erhalten bleibt; die Verwaltungsbehörde hat die allgemeinen Staatsbelange zu wahren. (IV, 28. November 1935.) Amtl. Sammlg. S. 81—83.

17. Staatshaftung. Ausländer. Gegenseitigkeit. Rechtsschutzklausel. (PrStHaftG. § 7; Abk. zwischen dem deutschen Reich und der Türkei vom 28. Mai 1929.) Ein Türke, der im Deutschen Reich eine Möbelhandlung betrieb, klagte gegen den preußischen Staat auf Schadenersatz wegen Amtspflichtverletzung eines Gerichtsvollziehers. In zwei Rechtszügen wurde die Klage mit der Begründung abgewiesen, daß nach dem preußischen Staatshaftungsgesetz Ausländern ein Ersatzanspruch wegen Amtspflichtverletzung von Beamten nur dann zustehe, wenn nach einer in der preußischen Gesetzessammlung veröffentlichten Bekanntmachung des Staatsministeriums die Gegenseitigkeit verbürgt ist. Auch die Revision hatte keinen Erfolg. Sie war darauf gestützt, daß tatsächlich durch einen Staatsvertrag zwischen dem Deutschen Reich und der Türkei die Gegenseitigkeit verbürgt sei. Selbst wenn man aber der Bekanntmachung keine sachlich-rechtliche Bedeutung für die Entstehung des Ersatzanspruchs zuerkannte, hatte sie doch mindestens verfahrensrechtliche Bedeutung insofern, als ihr Fehlen ein Hindernis für die Durchführung des Anspruchs darstellte. Die Gegenseitigkeit im Sinne des Staatshaftungsgesetzes ist aber auch durch den Staatsvertrag nicht gesichert. Nach dem Vertrag genießen die Angehörigen jedes Vertragsteils im Gebiete des anderen Vertragsteils in allem, was den gesetzlichen und gerichtlichen Schutz ihrer Person und ihres Vermögens angeht, die gleiche Behandlung wie die Inländer. Damit ist aber nicht gesagt, daß die beiderseitigen Staatsangehörigen in jedem der beiden Staatsgebiete sachlich wirklich gleichgestellt sind, was das Staatshaftungsgesetz unter Verbürgung der Gegenseitigkeit versteht. Der Vertrag hat überhaupt keine Regelung der sachlich-rechtlichen Voraussetzungen für die Anspruchentstehung zugunsten der beiderseitigen Staatsangehörigen getroffen. Er enthält nur eine sog. Rechtsschutzklausel, wonach den beiderseitigen Staatsangehörigen die Befugnis zugesichert wird, in Angelegenheiten ihrer Person und ihres Vermögens den Schutz der Gerichte ebenso in Anspruch zu nehmen, wie er den Inländern offen steht. Auch das verfahrensrechtliche Hindernis für die Erhebung der Klage ist durch den Staatsvertrag nicht beseitigt worden. Übrigens kommt der durch das preußische Staatshaftungsgesetz angeordneten Bekanntmachung auch sachlich-rechtliche Bedeutung zu; das Gesetz sagt ausdrücklich, daß der Ersatzanspruch dem Ausländer nur zusteht, wenn nach der Bekanntmachung die Gegenseitigkeit verbürgt ist. (III, 17. September 1935.)

Amtl. Sammlg. S. 83—88.
Vgl. Bd. 182 S. 238.

18. **Tankstelle. Teilpacht. Kündigung. Gegenseitiger Vertrag.** (BGB. §§ 326, 553, 581.) Ein Grundstück wurde zum Zweck der Errichtung einer Benzinzapfstelle verpachtet. Der Pächter war verpflichtet, die entsprechenden Baulichkeiten selbst herzustellen; als Entgelt sollte er 1/2 Pfennig für das Liter abgegebenen Benzin zahlen. Mit der Begründung, daß die Tankstelle schlecht bedient und wiederholt geschlossen gehalten worden sei, klagte der Verpächter auf Rückgabe des Grundstücks. Das Berufungsgericht wies die Klage ab. Das Reichsgericht verwies die Sache zurück. Das Rechtsverhältnis war als Teilpacht anzusehen, da der Pachtzins nicht in einer bestimmten Summe, sondern in einem Anteil am Erlös aus dem Betrieb der Tankstelle bestehen sollte. Ein solches Rechtsverhältnis ist im Bürgerlichen Gesetzbuch nicht ausdrücklich behandelt; seine Zulässigkeit steht aber außer Zweifel. Der Kläger war zwar nicht berechtigt, vom Beklagten die Herstellung bestimmter, von ihm als wünschenswert erachteter Einrichtungen auf dem Pachtgrundstück zu verlangen; er brauchte es sich aber nicht gefallen zu lassen, wenn der Beklagte den Ausbau des Grundstücks zu einer modernen Benzinzapfstelle unterließ und die Sache nicht ordnungsmäßig betrieb, da hierdurch sein Anspruch auf die Gegenleistung verkürzt und beeinträchtigt wurde. Ein solches Verhalten des Beklagten war nach dem Wesen des Teilpachtvertrags als vertragswidriger Gebrauch der Pachtsache anzusehen und rechtfertigte die fristlose Kündigung des Vertrags nach § 553 BGB. Der Kläger hatte das Recht hierzu auch aus den gespannten persönlichen Verhältnissen herleiten wollen, die zwischen ihm und dem Beklagten entstanden waren. Die Zulässigkeit einer fristlosen Kündigung aus persönlichen Gründen beim Miet- oder Pachtvertrag ist aber nur ausnahmsweise gegeben, nämlich dann, wenn besondere vertragliche Bestimmungen die Notwendigkeit eines dauernden persönlichen Zusammenarbeitens der Vertragsteile bedingen. Das traf hier

nicht zu. Auch die Frage, ob das Recht zur Kündigung aus § 326 BGB. hergeleitet werden könne, war zu verneinen. Zwar stellte der vertragswidrige Gebrauch des Grundstücks die Verletzung einer Hauptverpflichtung des Pächters dar; bei Miet- und Pachtverhältnissen sind aber die Voraussetzungen für die vorzeitige Lösung des Rechtsverhältnisses in § 553 BGB. selbständig geregelt. Nur dann ist auf dem Gebiete des Miet- und Pachtrechts die Anwendung des § 326 BGB. nicht ausgeschlossen, wenn es sich um die Verletzung von Verpflichtungen handelt, die neben dem eigentlichen Rechtsverhältnis bestehen; so ist die Lösung eines Pachtverhältnisses nach § 326 BGB. in einem Falle für zulässig erklärt worden, in dem der Pächter die von ihm übernommene Verpflichtung zur Stellung eines Bürgen nicht erfüllte. (IV, 17. Oktober 1935.)

Amtl. Sammlg. S. 88—92.
Vgl. Bd. 105 S. 167.

19. **Zwischenstaatliches Recht. Hypothek. Vollmacht. Pfandrecht. Zurückbehaltungsrecht. Konkurs.** (BGB. §§ 952, 1154, 1274, 1291; EG.z.BGB. Art. 11; KO. § 49; HGB. § 369.) Für eine deutsche Bausparkasse wurde in Belgien ein Vertrag abgeschlossen, wonach ihr ein Darlehen gewährt wurde. Zur Sicherheit wurden dem Gläubiger 3 Hypothekenbriefe verpfändet und übergeben; es wurde ihm zugesichert, daß auf sein Verlangen alle wegen Eintragung der Hypotheken im Grundbuch erforderlichen Förmlichkeiten erfüllt werden würden. Als die Bausparkasse in Konkurs geriet, trat der Konkursverwalter die Hypotheken ab. Der neue Gläubiger klagte gegen den belgischen Darlehensgeber auf Herausgabe der Hypothekenbriefe. Das Berufungsgericht wies die Klage ab, weil dem Beklagten zwar kein Pfandrecht, wohl aber ein Zurückbehaltungsrecht an den Hypothekenbriefen zustehe. Das Reichsgericht verwies die Sache zurück. Die Frage, ob durch den Vertrag ein Pfandrecht an den Hypotheken begründet wurde, war nach dem Rechte der belegenen Sache, also, da die mit Hypotheken belasteten Grundstücke in Deutschland lagen, nach deutschem Recht zu beurteilen. Das Berufungsgericht hatte die Entscheidung, ob der Vertreter der Bausparkasse Vollmacht hatte, für diese zu handeln, nach belgischem Recht getroffen. Das war nicht richtig; es ist nicht möglich, die Frage, ob ein solches Recht

an sich durch Vertrag entstehen kann, und die weitere Frage, ob der als Vertreter Handelnde berechtigt ist, ein solches Recht zu begründen, nach verschiedenen Gesetzen zu beurteilen; vielmehr muß hier auch die Frage der Vollmacht nach dem Rechte der belegenen Sache entschieden werden. Wie nach deutschem Recht die Frage des Bestehens einer Vollmacht zu beurteilen war, soweit im Vertrage schuldrechtliche Bestimmungen enthalten waren, brauchte nicht entschieden zu werden, weil das Bestehen eines schuldrechtlichen Zurückbehaltungsrechts nach Konkurseröffnung dem Konkursverwalter nicht entgegengehalten werden kann und der Kläger Rechtsnachfolger des Konkursverwalters war. Ein kaufmännisches Zurückbehaltungsrecht kam nicht in Frage, da ein solches nur an Waren und Wertpapieren, nicht aber an Hypothekenbriefen zulässig ist. Es kam also darauf an, ob dem Beklagten ein Pfandrecht an den Hypotheken und damit an den Hypothekenbriefen zustand. Das hatte das Berufungsgericht verneint, weil eine schriftliche Verpfändungserklärung nicht erfolgt sei. Es war aber zu prüfen, ob nicht in der schriftlichen Abmachung über das Darlehen eine solche Verpfändung enthalten war. Allerdings war dort nur von einer Verpfändung der Hypothekenbriefe die Rede; da aber zugesichert wurde, alle für die Eintragung der Hypotheken erforderlichen Förmlichkeiten zu erfüllen, bestand die Möglichkeit, daß es sich um ein Vergreifen im Ausdruck handelte und eine Verpfändung der Hypotheken beabsichtigt war. (VII, 18. Oktober 1935.)

Amtl. Sammlg. S. 93—95.

Vgl. Bd. 77 S. 436.

20. Sicherungsabtretung. Bestimmtheit der Forderung. Typischer Vertrag. Vertragsauslegung. (BGB. § 398.) Einer Dampfkesselfabrik wurden von einer Eisenhandlung Bleche und Röhren geliefert. Nach den Lieferungsbedingungen, die auf der Rückseite der Auftragsbestätigung abgedruckt waren, blieb die Ware bis zur völligen Tilgung des Kaufpreises Eigentum der Eisenhandlung. Im Falle einer Weiterveräußerung vor oder nach Verarbeitung ging die Kaufpreisforderung mit ihrer Entstehung in Höhe der noch offenen Forderung der Lieferantin an diese über. Die Waren wurden zur Herstellung von Dampfkesseln für die Arbeitsgemeinschaft mehrerer

Fabriken verwendet. Von dem dafür zu zahlenden Preis trat die Dampfkesselfabrik einen Teil an eine Sparkasse ab; bald nachher geriet sie in Konkurs. Die Arbeitsgemeinschaft zahlte ihre Schuld an die Sparkasse ein mit dem Beifügen, daß sie den Betrag bei dieser wegen Ungewißheit des Gläubigers hinterlege. Die Sparkasse verweigerte der Eisenhandlung die Herausgabe des Betrags. Die Klage der Eisenhandlung drang in zwei Rechtszügen durch. Das Reichsgericht wies sie ab. Die Lieferungsbedingungen, auf die sich der Anspruch der Klägerin stützte, waren, da sie allen Lieferungsverträgen der Klägerin zugrunde lagen und die Gesamtheit dieser Verträge in einem weiteren Gebiet, nicht nur in dem eines Oberlandesgerichts, einheitlich regeln sollten, als typische Verträge aufzufassen und konnten demgemäß vom Reichsgericht frei ausgelegt werden. Bei der Auslegung mußte alles Zufällige des einzelnen Streitfalles beiseite bleiben; sie hatte nur aus dem Inhalt der Bedingungen zu erfolgen. Zu den Zufälligkeiten gehörte, daß die Dampfkesselfabrik unmittelbar vor der Bestellung der Waren bei der Klägerin den Vertrag mit der Arbeitsgemeinschaft abgeschlossen hatte, aus dem die Forderung entstand, und daß die gelieferten Waren zur Erfüllung des Vertrags verwendet wurden. Die Lieferungsbedingungen waren nicht nur auf den Fall abgestellt, daß die Waren nur an einen einzigen Abnehmer weitergegeben wurden; sie sollten auch gelten, wenn die Waren an eine größere Zahl von Abnehmern gelangten. In diesem Falle blieb aber dann völlig unklar, was nun von den Forderungen gegen die Weiterabnehmer abgetreten sein sollte: ob die Forderungen jedesmal in voller Höhe der noch offenstehenden Forderung der Klägerin auf diese übergehen sollten, so daß sie zur Sicherung ihrer einen Forderung mehrere Forderungen gleicher oder verschiedener Höhe erwarb, oder ob die noch offenstehende Forderung der Klägerin auf die Forderungen gegen die Weiterabnehmer in dem Verhältnis verteilt werden sollte, in dem die gekauften Waren an die Weiterabnehmer gelangt waren. Da also die von der Klägerin ganz allgemein angebrachte Lieferungsbedingung nur für einen besonderen Fall ein bestimmtes Ergebnis hinsichtlich des Umfangs der Abtretung lieferte, konnte sie nicht als genügend für das Erfordernis der Bestimmtheit oder Bestimmbarkeit der abzutretenden Forderung anerkannt werden. Die Klägerin war also nicht Gläubigerin der Forderung der Dampfkesselfabrik an die Arbeitsgemeinschaft geworden. (II, 18. Oktober 1935.) Amtl. Sammlg. S. 96—102. Vgl. Bd. 64 S. 120; Bd. 81 S. 117; Bd. 96 S. 204; Bd. 98 S. 200; Bd. 142 S. 139; Bd. 144 S. 301; Bd. 148 S. 42.

21. **Verfahrenspatent. Auslandslieferung. Inverkehrbringen. Feilhalten. Gebrauch. Mittelbare Patentverletzung. Umdeutung.** (PatG. §§ 4, 35.) Für die Bearbeitung der Ränder von Lederstücken durch Hitzewirkung war ein Patent erteilt. Ein Maschinenfabrikant stellte eine Oberlederkantenbrennmaschine her; er prüfte jede einzelne Maschine, indem er mit ihr die Ränder eines Abfalllederstücks bearbeitete, und heftete dies Lederstückchen der Maschine zum Beweis ihres richtigen Arbeitens an. Seine Maschinen vertrieb er ausschließlich im Ausland. Er ließ in Deutschland eine Werbeschrift für seine Maschine herstellen und versandte sie ins Ausland. Die Klage des Patentinhabers auf Unterlassung, Rechnungslegung und Schadenersatz wurde in allen Rechtszügen abgewiesen. Geschützt war ein bestimmtes Verfahren, nicht die zur Ausübung des Verfahrens erforderliche Vorrichtung. Ein Verfahren wird in den Verkehr gebracht nicht schon durch den aus Erwerbsrücksichten erfolgenden Übergang der Verfügungsmöglichkeit über die zur Ausführung des Verfahrens erforderliche Vorrichtung, sondern erst durch entsprechende Entäußerung der Verfahrensvorschrift. Der Kläger hatte ein Inverkehrbringen und Feilhalten des Verfahrens schon darin erblickt, daß der Beklagte der Werbung für seine Maschine dienende Drucksachen vom Inland aus versandte. In diesen Werbeschreiben war aber nicht das Verfahren, sondern nur die vom Beklagten hergestellte Maschine angeboten. Allerdings kann ein Verfahren auch durch eine genaue Beschreibung in den Verkehr gebracht werden. Ob die Werbeschreiben eine solche Beschreibung enthielten, hatte das Berufungsgericht nicht festgestellt. Werbeschreiben, die lediglich im Ausland vertrieben werden, können nicht schon deshalb als patentverletzend angesehen werden, weil der Versand vom Inland aus erfolgt; denn die patentverletzende Wirkung tritt erst im Ausland ein. Auch ein Gebrauchen des geschützten Verfahrens im In-

land war vom Berufungsgericht mit Recht nicht für erwiesen angenommen worden. Bei der Ausprobung der Maschinen durch Bearbeitung eines weiter nicht verwendbaren Lederstückes wurde das geschützte Verfahren lediglich zur Prüfung des ordnungsmäßigen Ganges der Maschinen ausgeübt, nicht aber, auch nicht probeweise, zur Befriedigung des Bedürfnisses, dem das Verfahren zu dienen bestimmt war, nämlich zur Herrichtung des Randes von Lederstücken in einer seine Weiterverarbeitung ermöglichenden oder erleichternden Weise. Eine mittelbare Patentverletzung erfordert nicht nur die Lieferung der zur Ausführung eines Verfahrenspatents geeigneten Vorrichtungen in dem Bewußtsein, daß sie vom Erwerber in dieser Weise verwendet werden würden, sondern auch eine sachlich unbefugte Benutzung der Vorrichtungen durch den Erwerber. Ist aber die Benutzung nicht patentverletzend, weil sie im Ausland erfolgt und daher von dem in seiner Wirksamkeit auf das Gebiet des Deutschen Reiches beschränkten Schutzrecht nicht ergriffen wird, so kann auch in der Lieferung einer solchen Maschine vom Inland in das Ausland keine mittelbare patentverletzende Benutzung des Verfahrens liegen. Daß der Beklagte durch die Erprobung der Maschine und die ihr in Gestalt des bearbeiteten Lederstückchens beigefügte Bestätigung der Erprobung den Wert der Maschine für den Verkauf erhöhte, konnte nicht entscheidend ins Gewicht fallen. War der Beklagte befugt, zur Anwendung des geschützten Verfahrens dienende Maschinen herzustellen, so konnte in ihrer am Orte der Herstellung erfolgenden Erprobung keine patentverletzende Anwendung des Verfahrens erblickt werden, wenn bei dieser Erprobung keine Erzeugnisse hergestellt wurden, die gewerbliche Verwendung finden konnten. Als solche können nicht Erzeugnisse angesehen werden, die lediglich die Eigenschaft einer Beweisurkunde besitzen. Ein auf ein Verfahren erteiltes Patent auf eine der Anwendung des Verfahrens dienende Vorrichtung umzudeuten, ist nicht zulässig. Die Umdeutung eines Patents in eine andere Patentart, als der Wortfassung entspricht, kann nur dann Platz greifen, wenn zwingende Gründe das fordern, nämlich dann, wenn die der Wortfassung entsprechende Art des Patentschutzes das wahre Wesen der Erfindung nicht oder nicht erschöpfend wiedergibt. Diese Voraussetzungen waren hier nicht erfüllt, da das geschützte Verfahren mittels ganz verschiedener Vorrichtungen ausgeführt werden konnte. (I, 19. Oktober 1935.)

Amtl. Sammlg. S. 102--110.

Vgl. Bd. 30 S. 52; Bd. 46 S. 14; Bd. 51 S. 139; Bd. 65 S. 157; Bd. 75 S. 128; Bd. 101 S. 135; Bd. 133 S. 326; Bd. 146 S. 26.

22. Ehescheidung. Wiederaufnahme. (ZPO. §§ 579, 628.) Eine Ehe war auf die Klage der Frau und die Widerklage des Mannes aus beiderseitigem Verschulden geschieden worden. Das Urteil hatte die Rechtskraft erlangt. Zwei Jahre später starb der Mann in einer Irrenanstalt. Die Frau klagte gegen die aus der Ehe hervorgegangenen Kinder als Erben des Mannes mit dem Antrag, das Scheidungsurteil aufzuheben und den Ehestreit in der Hauptsache für erledigt zu erklären; sie behauptete, der Mann sei schon zur Zeit der Erteilung der Prozeßvollmacht und während des ganzen Scheidungsverfahrens geisteskrank und geschäftsunfähig, also nicht nach der Vorschrift des Gesetzes vertreten gewesen. Das Berufungsgericht sah das Vorbringen als erwiesen an, kam aber doch zur Abweisung der Klage, indem es annahm, daß nach dem Tode eines Ehegatten der überlebende mit Nichtigkeitsklage nicht mehr die Aufhebung des früheren Scheidungsurteils erlangen könne. Das Reichsgericht hob das Scheidungsurteil auf und wies die Klage und Widerklage ab. Die Vorschrift, daß in Ehesachen, wenn einer der Ehegatten vor Rechtskraft des Urteils stirbt, der Rechtsstreit in der Hauptsache als erledigt anzusehen ist, gilt auch im Wiederaufnahmeverfahren; dem Falle des Todes vor Rechtskraft des Urteils ist der Fall gleichzusetzen, daß nach dem Tode eines der rechtskräftig geschiedenen Ehegatten der überlebende die Aufhebung des Scheidungsurteils im Wiederaufnahmeverfahren betreibt. Die Vorschrift will nur ausschließen, daß, nachdem mit dem Tod eines Ehegatten während des Rechtsstreits das die Grundlage und den Gegenstand des Streites bildende Rechtsverhältnis weggefallen ist, noch in der Sache selbst über den Bestand der Ehe entschieden werde. Einer Klageabweisung aus rein verfahrensrechtlichen Gründen steht die Vorschrift nicht entgegen. Ergeben sich im Scheidungsverfahren zuverlässige Anzeichen dafür, daß der eine Ehegatte schon bei Beginn des Verfahrens und weiterhin bis zu seinem Tode prozeßunfähig war, so ist die für oder gegen seine Erben fortgesetzte Scheidungsklage aus verfahrensrechtlichen Gründen abzuweisen. Die Entscheidung kann nicht anders ausfallen, wenn, wie hier, die Nichtigkeitsklage nach dem Tode eines der geschiedenen Ehegatten gegen dessen Erben mit der Begründung erhoben wird, daß der Verstorbene geschäftsunfähig und im früheren Scheidungsverfahren nicht nach Vorschrift des Gesetzes vertreten gewesen sei. Das Scheidungsurteil war daher aufzuheben und auf Abweisung der Scheidungswiderklage zu erkennen. Die notwendige Folge davon war, daß auch die Scheidungsklage der Klägerin abgewiesen werden mußte, da das ganze Verfahren mit dem Mangel der Prozeßunfähigkeit des Beklagten belastet war. (IV, 21. Oktober 1935.)

Amtl. Sammlg. S. 110—114.

Vgl. Bd. 118 S. 73; JW. 1930 S. 1001.

23. Unlauterer Wettbewerb. Gute Sitten. Schadenersatz. Ausspannen von Vertretern. (UnlWG. § 1; BGB. § 826.) Eine öffentlich-rechtliche Feuerversicherungsanstalt übernahm das ganze Vermögen einer privaten Versicherungsgesellschaft. Eine andere Versicherungsgesellschaft, die schon während der Verhandlungen Kenntnis von dieser Absicht erhielt, suchte die Vertreter der zu übernehmenden Gesellschaft für sich zu gewinnen. Einer von ihnen trat in ihre Dienste über und veranlaßte zahlreiche Versicherte, ihre Verträge zu kündigen. Die Anstalt klagte gegen ihn und gegen die Versicherungsgesellschaft auf Schadenersatz. Das Berufungsgericht wies die Klage gegen die Versicherungsgesellschaft mit der Begründung ab, daß deren Verhalten wegen des geringen praktischen Erfolges ihrer Bemühungen nicht als sittenwidrig anzusehen sei; hinsichtlich der Übernahme des Erstbeklagten in ihre Dienste hatte es festgestellt, daß sie des Glaubens war, er habe sein bisheriges Angestelltenverhältnis schon gelöst. Das Reichsgericht verwies die Sache zurück. Nach der Rechtsprechung des Reichsgerichts auf dem Gebiete des Wettbewerbs, die hier zu beachten war ohne Rücksicht darauf, daß Ansprüche aus dem Gesetz über den unlauteren Wettbewerb verjährt waren, stellt der Versuch eines Gewerbetreibenden, den Angestellten eines Mitbewerbers für sich zu gewinnen, keinen unlauteren Wettbewerb dar, wenn nicht durch die Planmäßigkeit des Vorgehens, die dabei angewandten Mittel oder die damit verfolgten Zwecke die Handlungsweise das Wesen der Sittenwidrigkeit annimmt. Hier war ein planmäßiges Vorgehen gegeben, auch wenn das Vorbringen der beklagten Gesellschaft, daß sie angenommen habe, die Vertreter der übernommenen Gesellschaft würden von der Anstalt nicht beibehalten werden, nicht widerlegbar war. Daß die Sorge um das Schicksal der abgebauten Vertreter die Triebfeder ihres Handelns war, hatte sie selbst nicht behauptet. Es bedurfte also auch keiner ausdrücklichen tatsächlichen Feststellung des Berufungsgerichts, daß das Vorgehen der beklagten Gesellschaft lediglich oder doch hauptsächlich aus eigensüchtigen Beweggründen hervorging. Der geringe praktische Erfolg schloß die Annahme der Sittenwidrigkeit keineswegs aus. Schon der Versuch der Gewinnung eines einzigen wertvollen, gut eingearbeiteten Angestellten kann, selbst wenn er gar keinen Erfolg haben sollte, unter den angegebenen Voraussetzungen sittenwidrig sein. Daß der Erstbeklagte unter Ausnutzung der in seinem früheren Dienstverhältnis erworbenen Kenntnisse und persönlichen Beziehungen eingesetzt wurde, bedeutete einen Verstoß gegen die guten Sitten auch dann, wenn keine täuschenden oder unwahren Angaben gemacht wurden und eine Verleitung zum Vertragsbruch weder erfolgte noch beabsichtigt war; das schon deshalb, weil die Vertreter sowohl gegenüber der übernommenen Gesellschaft als auch gegenüber den Versicherungsnehmern eine gewisse Vertrauensstellung einnahmen. Das Verhalten eines Mitbewerbers, das sich planmäßig gegen ein bestimmtes Wettbewerbsunternehmen richtet und dieses in seiner wirtschaftlichen Grundlage treffen will, verstößt schon wegen der planmäßigen Einstellung auf Schwächung des anderen zum eigenen Vorteil gegen den lauteren Wettbewerb und gegen die guten Sitten im Geschäftsverkehr. Ein Verhalten, das an sich sittenwidrig ist, hört nicht auf, das zu sein, wenn der tatsächliche Erfolg geringer ist, als erwartet wurde. (II, 25. Oktober 1935.)

Amtl. Sammlg. S. 114—121.

Vgl. Bd. 81 S. 86; JW. 1934 S. 2137.

24. Rechtsanwaltsgebühren. Testamentsvollstrecker. Rechtsverfolgung im Ausland. Zwischenstaatliches Recht.

(BGB. §§ 670, 1835, 2202, 2218, 2221; PrRAGebO. Art. 1, 8.) In einem schon vor dem Weltkrieg errichteten Testament war ein Rechtsanwalt als Testamentsvollvollstrecker eingesetzt; für seine Tätigkeit war ihm eine jährliche Vergütung von 3000 ℳ bewilligt. Die Erblasser starben in den Jahren 1919 und 1920. Die Erben vereinbarten mit dem Testamentsvollstrecker nach der Geldentwertung, daß die Vergütung auf jährlich 3000 RM aufzuwerten sei. Zum Nachlaß gehörten Wertpapiere, die nach Ausbruch des Krieges in Amerika beschlagnahmt worden waren; die Erwirkung der Freigabe veranlaßte Verhandlungen mit der deutschen Botschaft in Washington, einem Bankhaus und einem Rechtsanwalt in Neuyork und dem amerikanischen Konsulat in Berlin. Es handelte sich um Werte von mehr als 800000 RM. Der Rechtsanwalt verlangte für diese Tätigkeit außer der durch das Testament bewilligten Vergütung 3% des Wertes der Papiere. Seine Klage wurde in allen Rechtszügen abgewiesen. Grundsätzlich kann der Testamentsvollstrecker, wenn der Erblasser für ihn eine Vergütung bestimmt hat, nur diese verlangen; will er sich damit nicht begnügen, so muß er das Amt ablehnen. Daneben kann er noch Ersatz seiner Auslagen beanspruchen. Zu diesen gehören bei einem Rechtsanwalt auch die Gebühren, die er nach den gesetzlichen Vorschriften für die auf Grund seines Berufes geleisteten Dienste berechnen kann. Daß diese Gebühren durch die im Testament bewilligte Vergütung nicht abgegolten seien, hatte das Berufungsgericht mit einwandfreier Begründung festgestellt. Bei der Errichtung des Testaments konnten die Erblasser mit der Beschlagnahme ihres in Amerika befindlichen Vermögens nicht rechnen; die Tätigkeit, die der Kläger zur Freigabe dieser Stücke entfalten mußte, war also nicht vorherzusehen. Sie hatte auch besondere Mühe erfordert und besondere Kenntnisse und Erfahrungen vorausgesetzt, war demgemäß aus dem gewöhnlichen Rahmen der Tätigkeit eines zum Testamentsvollstrecker ernannten Rechtsanwalts herausgefallen. Die Gebühren waren nach der preußischen Landesgebührenordnung zu bemessen. Der Kläger hatte bestritten, daß es sich um eine Anwaltstätigkeit gehandelt habe, und daß auf eine im Ausland entfaltete Tätigkeit die preußische Gebührenordnung angewandt werden könne.

Ein Verkehr mit amtlichen Stellen und Banken, wie ihn der Kläger geführt hatte, gehört aber zur Berufstätigkeit eines deutschen Rechtsanwalts, auch wenn es sich um die Anwendung ausländischen Rechts und die Verfolgung von Rechtsansprüchen im Ausland handelt. Nach den Grundsätzen des zwischenstaatlichen Rechts kann jeder Rechtsanwalt bei der Verfolgung von Rechtsangelegenheiten im Auslande nur jene Gebühren beanspruchen, die in seiner Heimat und an seinem gesetzlichen Wohnsitz gelten. Die hiernach sich errechnenden Beträge hatte der Kläger schon erhalten. (III, 25. Oktober 1935.)

Amtl. Sammlg. S. 121—128.
Vgl. Bd. 75 S. 98.

25. **Erbauseinandersetzung. Ausgleichungspflicht. Gläubigeranfechtung.** (BGB. §§ 2042, 2052, 2053; AnfG. § 3.) In einem Testament waren die drei Enkel des Erblassers zu gleichen Teilen als Erben eingesetzt; ihre Mutter, die noch lebte, war übergangen. Nach dem Tode des Erblassers schlossen die drei Erben einen Auseinandersetzungsvertrag. Der Erbschaftsanteil eines der Erben wurde auf 9800 *RM* festgesetzt; er trat ihn zur Abgeltung eines ihm nach dem Erbfall von einer seiner Schwestern gewährten Darlehens an diese ab. Weiter wurde bestimmt, daß die beiden Schwestern die zum Nachlaß gehörigen Grundstücke je zur Hälfte erben sollten. Eine Sparkasse, die gegen den erstgenannten Erben mehrere vollstreckbare Forderungen hatte, focht die Auseinandersetzung wegen Gläubigerbenachteiligung an und verlangte Verurteilung der beiden Erbinnen zur Zahlung der Forderungen, hilfsweise Verurteilung zur Duldung der Vollstreckung in die früher zum Nachlaß gehörigen Grundstücke. Das Berufungsgericht wies die Klage ab. Die Revision der Klägerin führte zur Zurückverweisung der Sache. Der Erbauseinandersetzungsvertrag enthielt mehrere selbständige Abmachungen. Zunächst wurde der Wert der Teilungsmasse und die Höhe des Anteils der einzelnen Erben nach Abzug ihrer Vorempfänge berechnet; dann wurde der Anteil des einen Erben seiner Schwester abgetreten; endlich wurde, nachdem auf diese Weise nur noch zwei Erbinnen vorhanden waren, der Nachlaß unter diese geteilt. Eine Anfechtung des Vertrags war nur möglich, soweit durch diesen etwas aus dem Vermögen des Schuld-

ners der Anfechtungsklägerin herausgekommen war. Das konnte dadurch geschehen sein, daß bei der Berechnung des Erbanteils dieser abweichend von den gesetzlichen Vorschriften zu niedrig festgesetzt wurde. Gegenstand der Anfechtung konnte auch die Abtretung des Erbanteils an die Schwester des Schuldners sein. Dagegen konnte sich die Anfechtung nicht auf die schließliche Auseinandersetzung erstrecken, da an dieser der Schuldner nicht beteiligt war. Den ausgleichungspflichtigen Miterben steht es frei, in gegenseitigem Übereinkommen die gesetzlichen Vorschriften über die Anrechnung von Vorempfängen außer acht zu lassen und selbst zu bestimmen, was dem einzelnen Miterben anzurechnen ist. Ob im vorliegenden Falle die Erben so vorgehen wollten, oder ob sie annahmen, ihre Berechnung entspreche den gesetzlichen Vorschriften, war dem Berufungsurteil nicht mit hinlänglicher Sicherheit zu entnehmen. Wollten die Parteien die anzurechnenden Beträge von sich aus festsetzen, so konnte diese Festsetzung anfechtbar sein, soweit sie zu ungunsten des Schuldners der Klägerin von den gesetzlichen Bestimmungen abwich. Die Anfechtung richtete sich in diesem Fall gegen die beiden Beklagten und führte, wenn sie begründet war, dahin, daß diese sich bei einer Zwangsvollstreckung in den Erbanteil des Schuldners die Vorempfänge nach den gesetzlichen Bestimmungen anrechnen lassen mußten. Da der Schuldner seinen Erbanteil schon an seine Schwester abgetreten und diese sich mit ihrer Schwester auseinandergesetzt hatte, wandelte sich der Anfechtungsanspruch gegen beide Beklagten in einen Anspruch auf Ersatz dessen um, was sie durch die unrichtige Anrechnung zuviel erhalten hatten. Hatten aber die Miterben angenommen, daß die Anrechnung der Vorempfänge den gesetzlichen Vorschriften entsprach, so konnte nur eine Anfechtung der Abtretung des Erbanteils an die eine Beklagte in Betracht kommen. Wenn hierin eine anfechtbare Handlung lag, führte diese Anfechtung wegen der zwischen den beiden Beklagten schon erfolgten Auseinandersetzung nur zu einer Verurteilung der Abtretungsempfängerin zum Werterssatz. Das Berufungsgericht hatte angenommen, daß der Erbanteil des Schuldners der Klägerin bei Berücksichtigung der nach den gesetzlichen Vorschriften anzurechnenden Vorempfänge wertlos war. In der Revision war mit Recht gerügt, daß Zuwendungen, welche die Miterben zu Lebzeiten des Erblassers erhalten hatten, nicht angerechnet worden waren. Abkömmlinge sind auch bei testamentarischer Erbfolge im Zweifelsfall einander ausgleichungspflichtig, wenn der Erblasser sie auf das eingesetzt hat, was sie als gesetzliche Erben erhalten würden. Im vorliegenden Falle wurden die Enkel erst durch Wegfall ihrer Mutter gesetzliche Erben des Erblassers; diesen Wegfall hatte aber der Erblasser durch dasselbe Testament herbeigeführt, in dem er sie zu Erben einsetzte. Sie waren also zufolge der Enterbung ihrer Mutter die gesetzlichen Erben des Erblassers und für die vor dem Tode des Erblassers erfolgten Zuwendungen ausgleichungspflichtig. Für einen Willen des Erblassers, die Ausgleichungspflicht zu erlassen, fehlte jeder Anhaltspunkt. Die Zuwendungen waren im vorliegenden Falle den Enkeln auch zu einer Zeit gemacht worden, als der Erblasser ihre Mutter schon von der Erbfolge ausgeschlossen hatte, die Enkel also für ihn als die nächsten Erben in Betracht kamen. Demgemäß waren die beiden beklagten Erbinnen für die Aussteuern, die sie von dem Erblasser erhalten hatten, ausgleichungspflichtig. Unter Berücksichtigung dieser Vorempfänge war zu prüfen, ob der Erbanteil des Schuldners der Klägerin wirklich wertlos war. (VII, 29. Oktober 1935.)

Amtl. Sammlg. S. 129—134.

26. Schadenberechnung. Differenztheorie. Konkreter Schaden. Abstrakter Schaden. Ursächlicher Zusammenhang. Ausgleich. Mitverschulden. (BGB. §§ 249, 254, 326.) Ein Haus wurde verkauft und sofort übergeben; vom Kaufpreis wurde nur ein Teil bezahlt. Die Auflassung sollte nach Leistung einer weiteren Teilzahlung erfolgen. Als der Käufer mit dieser in Verzug kam, lehnte die Verkäuferin die Erfüllung des Kaufvertrags ab und verlangte Schadenersatz. Zur Auflassung war es nicht gekommen; das Haus gelangte wieder in den Besitz der Verkäuferin. Der Käufer hatte erhebliche Umbauten vornehmen lassen; er hatte seine Forderungen aus der Nichterfüllung des Kaufvertrags an den Inhaber des Baugeschäfts, das die Arbeiten ausgeführt hatte, abgetreten. Dieser klagte gegen die Verkäuferin auf Schadenersatz mit der Behauptung, daß diese die geleisteten Teilzahlungen zurückzugewähren und die Werterhöhung, die das Haus durch die Umbauten erfahren hatte, auszugleichen habe. In zwei Rechtszügen wurde die Klage abgewiesen. Das Reichsgericht verwies die Sache zurück. Das Berufungsgericht hatte mit Recht angenommen, daß der Beklagten gegen den Käufer ein Schadenersatzanspruch wegen Nichterfüllung des Kaufvertrags zustehe. Im Einklang mit der ständigen Rechtsprechung des Reichsgerichts, die allein den Bedürfnissen des Verkehrs entspricht, hat es bei der Feststellung des Schadens die sog. Differenztheorie angewandt, wonach an Stelle der ursprünglichen Vertragspflichten beider Teile eine einseitige Geldforderung der Beklagten getreten war, falls ihre gesamte Vermögenslage infolge der Nichterfüllung des Kaufvertrags im Vergleich zu der Lage, in der sie sich bei ordnungsmäßiger Erfüllung befunden hätte, eine Verschlechterung erfahren hatte. Bei Ermittlung des Schadens und seiner Höhe hat es zutreffend die gegenseitigen Leistungen der Parteien nur als Rechnungsposten gewertet. Als den für die Ermittlung des Schadens maßgebenden Zeitpunkt hatte es die letzte mündliche Verhandlung angenommen. Auch das entsprach der nunmehr gefestigten Rechtsprechung des Reichsgerichts. Wenn entschieden worden ist, daß im Falle des Verzugs des Verkäufers dem Käufer die Wahl zustehe, für seine Schadenberechnung den Zeitpunkt des Eintritts des Verzugs oder des Ablaufs der Nachfrist zugrunde zu legen, so handelte es sich dabei um Fälle der abstrakten Schadenberechnung, für die nach ihrer Eigenart besondere Regeln gelten, weil ihre Zulassung auf der Vermutung beruht, daß der Käufer durch Weiterverkaufen einen Gewinn hätte erzielen können. Im vorliegenden Falle handelte es sich aber um die Ermittlung des konkreten Schadens. Die Revision verlangte, daß das wieder in den Besitz der Beklagten gelangte Haus mit dem Werte hätte angerechnet werden müssen, den es zur Zeit der Wiedererlangung des Besitzes für die Beklagte hatte. Das Reichsgericht hielt an dem ausgesprochenen Grundsatze fest, erklärte aber, daß nicht ausgeschlossen sei, auch Umstände zu berücksichtigen, die vor der letzten mündlichen Verhandlung lagen. Wenn etwa die Beklagte das Grundstück zu einem Preise verkauft hätte, der den Wert zur Zeit der letzten mündlichen Verhandlung überstieg, wäre der erlöste Kaufpreis als schadenmindernder Posten einzusetzen gewesen; ebenso wenn sie schuldhaft unterlassen hätte, es zu günstigen Bedingungen zu verkaufen. Im letzteren Falle wäre § 254 BGB. zur Anwendung gekommen, der auch gegenüber einem Schadensersatzanspruch wegen Nichterfüllung Platz greift. In allen anderen Fällen dagegen gehen die Folgen einer Wertminderung zu Lasten des Schadensersatzpflichtigen. Anderseits ist aber auch eine Wertsteigerung, wenn sie für die Zeit nach der letzten Tatsachenverhandlung zu erwarten ist, zu seinen Gunsten zu berücksichtigen. Gegen diesen Grundsatz hatte das Berufungsgericht nicht verstoßen; es hatte insbesondere auf Grund des Gutachtens eines Sachverständigen festgestellt, daß mit einer Werterhöhung des Hauses nicht zu rechnen war. Unrichtig war dagegen, daß das Berufungsgericht dem Wegfall der Verpflichtung der Verkäuferin zur Zahlung der Wertzuwachssteuer keine Bedeutung beigemessen hatte. Es hatte angenommen, daß diese Ersparnis nicht als adäquate Folge der durch den Verzug des Käufers bewirkten Umgestaltung der Beziehungen der Vertragsparteien anzusehen sei. Sie war aber jedenfalls eine mittelbare Folge der Nichtausführung des Kaufvertrags und stand mit ihr in einem dem natürlichen Verlauf der Dinge entsprechenden Zusammenhang. Das genügte zur Bejahung der adäquaten Verursachung. (V, 30. Okt. 1935.) Amtl. Sammlg. S. 135—139. Vgl. Bd. 80 S. 155; Bd. 90 S. 423; Bd. 98 S. 55; Bd. 101 S. 418; Bd. 117 S. 252; Bd. 133 S. 126, 221; Bd. 135 S. 167; Bd. 141 S. 259; Bd. 142 S. 8; JW. 1928 S. 1931.

27. **Pachtvertrag. Vergleich. Unwirksamkeit. Vertragsauslegung.** (BGB. §§ 157, 242, 779.) Zwischen dem Verpächter und dem Pächter eines landwirtschaftlichen Grundstücks kam es zu Streitigkeiten wegen der Ausführung des Vertrages. Es wurde ein Vergleich geschlossen, durch den sich der Pächter zu einer bestimmten Zahlung verpflichtete. Als die Forderung eingeklagt wurde, berief er sich auf Unwirksamkeit des Vergleichs. Er brachte vor, der Verpächter habe ihn zum Abschluß des Vergleichs bestimmt durch die Zusage, ihm von seinem Zuckerrübenkontingent von 17000 Zentnern 6000 Zentner abzutreten; zu einer wirksamen Abtretung wäre aber die Zustimmung der Zuckerfabrik nötig gewesen, die nicht

erteilt worden sei. In zwei Rechtszügen wurde die Klage abgewiesen. Das Reichsgericht verwies die Sache zurück. Auch wenn mit dem Berufungsgericht angenommen wurde, daß die Wirksamkeit der Abtretung des Kontingents unter den nach dem Inhalt des Vergleichs als feststehend zugrunde gelegten Sachverhalt falle, fehlte es an dem weiteren Erfordernis des § 779 BGB., daß bei Kenntnis der Sachlage der Streit oder die Ungewißheit nicht entstanden wäre. Dieses Erfordernis ist nicht schon dann gegeben, wenn bei Kenntnis der Sachlage ein anderer Vergleich geschlossen worden wäre; vielmehr ist erforderlich (aber auch ausreichend), daß der Streit oder die Ungewißheit, welche die Parteien durch den Vergleich beseitigen wollten, bei Kenntnis der Sachlage nicht entstanden wäre. Im vorliegenden Falle wäre aber der Streit zwischen den Parteien auch dann entstanden, wenn sie gewußt hätten, daß die erst im Vergleich vereinbarte Abtretung des Kontingents sich nicht werde durchführen lassen. Dieser Umstand hatte darum nicht die Unwirksamkeit des Vergleichs zur Folge; die rechtlichen Folgen ergaben sich vielmehr zunächst aus den Bestimmungen über die teilweise Unmöglichkeit der Leistung. Zu prüfen war auch, ob nicht der Vergleich im übrigen erfüllt werden mußte und die hinsichtlich der Abtretung des Kontingents entstandene Lücke im Wege der Vertragsauslegung etwa dahin zu ergänzen war, daß der Beklagte, wenn er die Rüben nicht zum Kontingentspreis, sondern nur zu einem geringeren Marktpreis abzusetzen vermochte, entsprechend weniger an den Verpächter zu leisten hatte. (VII, 1. November 1935.) Amtl. Sammlg. S. 140—143.

Vgl. Bd. 114 S. 120.

28. **Verlöbnis. Schadenersatz. Unbescholtenheit. Hinterlist.** (BGB. §§ 825, 847, 1300.) Zwischen zwei Verlobten kam es zu geschlechtlichem Verkehr. Nachdem das Verlöbnis aufgelöst war, klagte die Braut auf Schadenersatz. Das Berufungsgericht wies die Klage ab, weil die Klägerin einem früheren Verlobten unsittliche Annäherungen gestattet habe und darum nicht mehr als unbescholten anzusehen sei. Das Reichsgericht verwies die Sache zurück. Die Bescholtenheit in geschlechtlicher Hinsicht setzt nicht notwendig eine freiwillige und bewußte Hingabe zum außerehelichen Geschlechtsverkehr voraus; auch

ein sonstiges, in sittenloser Gesinnung des Mädchens wurzelndes unzüchtiges Treiben kann die Annahme geschlechtlicher Bescholtenheit begründen. Es war aber eine Überanspannung des Begriffes der geschlechtlichen Reinheit, wenn das Berufungsgericht annahm, daß ein junges, unerfahrenes Mädchen, das dem stürmischen Verlobten in einigen Fällen unzüchtige Berührungen gestattet, dadurch schon seine geschlechtliche Reinheit verliere. Mehr war nicht festgestellt. Zu beachten war weiter, daß von dem Verhalten der Klägerin nur die Beteiligten selbst Kenntnis hatten. Der Begriff der Bescholtenheit setzt allerdings nicht notwendig voraus, daß der unsittliche Lebenswandel eines Mädchens in weiteren Kreisen bekannt geworden ist; immerhin ist zu fordern nicht bloß, daß die tatsächlichen Grundlagen eines makellosen Rufes infolge geschlechtlicher Verfehlungen nachweislich verloren gegangen sind, sondern auch, daß in den Augen Dritter die gute Meinung vom sittlichen Wert des Mädchens Einbuße erlitten hat. Handelt es sich um vereinzelte, weniger bedeutende Verirrungen geschlechtlicher Art, ist es insbesondere, wie im vorliegenden Falle, nicht zum Geschlechtsverkehr, sondern nur zu unzüchtigen Berührungen gekommen, so kann die Braut lediglich wegen dieses, weiteren Personen überhaupt nicht bekannt gewordenen Verhaltens, noch nicht als bescholten angesehen werden. Sogar der Verlust der Jungfräulichkeit hat keineswegs ausnahmsweise Bescholtenheit zur Folge. Es war auch auf Seite des Beklagten ein hinterlistiges Verhalten gegeben, wenn er gar nicht beabsichtigt hatte, die Klägerin zu heiraten und ihr diese Absicht nur vortäuschte, um sie zum Geschlechtsverkehr zu veranlassen. Das Berufungsgericht hatte angenommen, daß in diesem Falle kein Verlöbnis gegeben gewesen sei. Das war rechtsirrig. Wenn der Beklagte der Klägerin ein Eheversprechen gab, das diese für ernst gemeint ansehen durfte und ansah, war durch die Annahme und Erwiderung ein wirksames Verlöbnis zustande gekommen. (IV, 4. November 1935.)

Amtl. Sammlg. S. 143—148.

Vgl. Bd. 52 S. 46; Bd. 105 S. 45; RGSt. Bd. 37 S. 94; JW. 1907 S. 480.

29. Nationale Unzuverlässigkeit. Dienstzeit. Unbillige Härte. (BerBeamtG. §§ 4, 8, 9, 16; 3. DurchfVO.

z. VerBeamtG. Nr. 2.) Ein sächsischer Ministerialdirektor wurde im Jahre 1922 in den einstweiligen und im Jahre 1924 in den dauernden Ruhestand versetzt. Er war nach Bestehen der zweiten Staatsprüfung im Jahre 1909 mehrere Monate als Gerichtsassessor in der Stelle eines Amtsanwalts beschäftigt gewesen, dann als Bürgermeister einer sächsischen Stadt in den Gemeindedienst übergetreten. Während des Krieges stand er vom 4. August 1914 bis 23. Oktober 1915 bei der Truppe; darnach wurde er bis Ende August 1918 als Bürgermeister einer polnischen Stadt verwendet. Nach dem Krieg übernahm er wieder seine frühere Stelle als Bürgermeister. Im Jahre 1920 kehrte er in den Staatsdienst zurück. Im Jahre 1933 verfügte das sächsische Ministerium des Innern, daß sein Ruhegehalt vom 1. Oktober 1933 an wegfalle. Seine Klage auf Fortzahlung seines Ruhegehalts wurde in allen Rechtszügen abgewiesen. Nach § 8 VerBeamtG. ist Beamten, die nach § 3 (wegen nichtarischer Abstammung) oder § 4 (wegen nationaler Unzuverlässigkeit) in den Ruhestand versetzt werden, Ruhegeld nur zu gewähren, wenn sie mindestens eine zehnjährige Dienstzeit vollendet haben. Nach § 9 VerBeamtG. gilt das auch für Beamte, die sich beim Inkrafttreten des Gesetzes schon im Ruhestand befanden. Das hat für sie die Wirkung, daß die zuständige Dienststelle nachzuprüfen hat, ob eine den verschärften Vorschriften des Gesetzes entsprechende zehnjährige Dienstzeit vollendet ist und, wenn das nicht zutrifft, den Wegfall des Ruhegehalts anordnen muß. Hienach kann es sich ergeben, daß ein schon im Ruhestand befindlicher Beamter schwerer betroffen wird als ein noch im Dienst stehender Beamter, der wegen nationaler Unzuverlässigkeit aus dem Dienst ausscheiden muß; diesem sind die Bezüge für drei Monate zu belassen. Aber die entscheidende Dienststelle hat es in der Hand, das Vorgehen gegen Beamte im Ruhestande bis zum 31. März 1934 hinauszuschieben; außerdem sieht § 16 VerBeamtG. einen Ausweg für unbillige Härten vor. Gerade aus dieser Bestimmung ergibt sich, daß der Gesetzgeber bei Erlassung des Gesetzes sich bewußt war, daß sich aus seinen Anordnungen unbillige Härten ergeben konnten. Aus dem Umstand allein, daß eine bestimmte Gesetzauslegung im Einzelfalle zu einer unbilligen Härte führt, kann darum niemals gefolgert werden, daß diese Auslegung nicht im Sinne des Gesetzes gelegen haben könne. Der Auffassung des Klägers, daß nachgeprüft hätte werden müssen, ob er, wenn er noch im Dienst gewesen wäre, wegen nationaler Unzuverlässigkeit hätte entlassen werden können, trat das Reichsgericht in Übereinstimmung mit den Untergerichten nicht bei. Allerdings ist in § 7 VerBeamtG. die gerichtliche Nachprüfung nur für die Zulässigkeit der Dienstentlassung, der Versetzung und der Versetzung in den Ruhestand ausgeschlossen; es kann aber doch kein Zweifel bestehen, daß auch über die Zulässigkeit der Anwendung des § 8 auf Beamte im Ruhestande die zuständigen Verwaltungsstellen endgültig und unter Ausschluß des Rechtswegs zu entscheiden haben. Streit bestand zwischen den Parteien über die Anrechnung der Gemeindedienstzeit und über die Anrechnung der als Bürgermeister in Polen zugebrachten Zeit. Für die erstere Frage war nach der 3. Durchführungsverordnung die Entscheidung der obersten Landesbehörde maßgebend. Diese, das Ministerium des Innern, hatte erklärt, daß es sich nicht dazu entschlossen habe, dem Kläger die im Gemeindedienst verbrachte Dienstzeit anzurechnen. Daraus war zu ersehen, daß das Ministerium diese Dienstzeit wohl für anrechnungsfähig hielt, aber aus freiem Ermessen die Anrechnung ablehnte. Die Revision führte aus, daß diese Auffassung dem Gesetze nicht entspreche. Das Reichsgericht gab die Möglichkeit zu, daß das Ministerium zur Anrechnung verpflichtet gewesen wäre, erklärte aber, daß das Gericht die Landesbehörde nicht zur Anrechnung zwingen, noch auch diese an ihrer Stelle vornehmen könne. Die Gründe, weshalb die als Bürgermeister in Polen verbrachte Zeit nicht angerechnet wurde, sind nicht veröffentlicht. (III, 5. Nov. 1935.) Amtl. Sammlg. S. 148—157.

30. **Entscheidung nach Lage der Akten. Mündliche Verhandlung. Mitteilung. Bindung des Revisionsgerichts. Ehrverletzung. Schadenersatz. Schmerzensgeld. Klageänderung.** (BGB. §§ 823, 826, 847; ZPO. §§ 176, 251 a, 268, 309, 318, 331 a, 527, 559, 565; RG. zur Änderung von Vorschriften des Strafverfahrens und des Gerichtsverfassungsgesetzes Art. 2.) Wegen Ehrverletzung war auf Schadenersatz geklagt worden; es war Ersatz des Vermögensschadens mit 5000 *RM* und außerdem Schmerzensgeld

in Höhe von 50000 *RM* beansprucht worden. Die Klage wurde hinsichtlich des Betrags von 5000 *RM* abgewiesen; hinsichtlich des Betrags von 50000 *RM* wurde ihr zu $^4/_5$ stattgegeben. Berufung war nur wegen der teilweisen Ablehnung des zweiten Anspruchs eingelegt. Sie wurde verworfen. Die Revision führte zur Zurückverweisung der Sache. Nunmehr entschied das Berufungsgericht ohne mündliche Verhandlung nach Lage der Akten. Die neuerlich eingelegte Revision hatte keinen Erfolg. Es war vor allem gerügt, daß nochmal eine mündliche Verhandlung hätte stattfinden müssen, das um so mehr, als die Sache vor einen anderen Senat des Berufungsgerichts zurückverwiesen worden war. Es genügte aber, daß in dem früheren Verfahren vor dem Berufungsgericht eine mündliche Verhandlung stattgefunden hatte. Der Grundgedanke der Vorschrift des § 251a ZPO. ist darin zu finden, daß die in dem Schlußtermin nicht auftretende Partei wenigstens einmal Gelegenheit gehabt haben muß, ihren Rechtsstandpunkt mündlich darzulegen. Nicht erforderlich ist, daß an der mündlichen Verhandlung dieselben Richter teilgenommen haben, die nun die Entscheidung treffen sollen; die Vorschrift des § 309 ZPO. gilt nur für ein Urteil, das auf Grund mündlicher Verhandlung ergeht. Durch die Zurückverweisung einer Sache vor das Berufungsgericht wird das Verfahren vor diesem in der Lage wieder eröffnet, in der es sich zu der Zeit befand, als die Verhandlung vor dem Erlaß des aufgehobenen Urteils geschlossen wurde. Das Verfahren ist grundsätzlich einheitlich und wird nicht durch die Einschaltung des Revisionsverfahrens und die Aufhebung des früheren Urteils in mehrere selbständige Teile zerlegt. Nicht jede mündliche Verhandlung erfüllt allerdings die Voraussetzung einer Entscheidung nach Lage der Akten im selben Rechtszug. So ist eine mündliche Verhandlung im Urkundenprozeß nicht genügend, um im Nachverfahren eine Entscheidung nach Lage der Akten zuzulassen; ebenso wird es regelmäßig bei einer getrennten Verhandlung über Grund und Höhe des Anspruchs liegen. Daß das Reichsgericht die Sache zur mündlichen Verhandlung und Entscheidung zurückverwiesen hatte, machte nichts aus; es war darunter nicht eine neue mündliche Verhandlung, sondern nur eine dem Gesetz entsprechende mündliche Verhandlung zu verstehen, die nach der neuen gesetzlichen Regelung auch vorhergegangen sein konnte. Der Termin für die Verkündung der Entscheidung war dem bisherigen Prozeßbevollmächtigten des Beklagten mitgeteilt worden. Das genügte. Wenn im § 251 a ZPO. die Bekanntgabe an die nicht erschienene Partei verlangt ist, ändert das nichts daran, daß auch diese Benachrichtigung unter § 170 ZPO. fällt, wonach alle Zustellungen an den Prozeßbevollmächtigten zu erfolgen haben. In sachlich-rechtlicher Hinsicht beschränkte sich die schriftliche Revisionsbegründung auf die Bemerkung, daß sie Verletzung des sachlichen Rechts bei der rechtlichen Beurteilung des festgestellten Sachverhalts rüge, soweit das Berufungsgericht einen Schaden des Klägers als nicht dargetan angesehen hatte. Soweit hienach Verletzung von Verfahrensvorschriften ohne Angabe von Tatsachen, die einen Mangel ergeben sollten, gerügt war, stand § 554 ZPO. der Revision entgegen. Nachdem aber ordnungsgemäße Verfahrensrügen erhoben waren, hatte das Revisionsgericht die Pflicht, das angefochtene Urteil von Amts wegen auch daraufhin zu prüfen, ob es nicht etwa Verstöße gegen das sachliche Recht enthielt. Das Berufungsgericht hatte den Sachverhalt entsprechend den im Revisionsurteil bindend aufgestellten Rechtsgrundsätzen geprüft. Es hatte angenommen, daß § 847 BGB. eine gegen den Körper, die Gesundheit oder die Freiheit gerichtete unerlaubte Handlung voraussetzt, daß aber eine Ehrverletzung als solche nicht ausreicht, einen solchen Anspruch zu begründen. Auch wenn die Gesundheit des Klägers durch die Ehrverletzung litt, war kein Anhaltspunkt dafür gegeben, daß der Beklagte einen solchen Erfolg vorhersehen konnte. Der Kläger hatte geltend gemacht, daß der Schaden, für den er Ersatz verlange, nicht nur in der Gesundheitsschädigung bestehe, sondern daß er auch einen Ausgleich des infolge der Gesundheitsschädigung eingetretenen Vermögensschadens verlange. Das Berufungsgericht hatte hierin eine unzulässige Klageänderung gefunden. Das Reichsgericht billigte diese Auffassung. Der Anspruch aus § 847 BGB. ist ein besonderer, neben die vermögensrechtlichen Ansprüche tretender Anspruch mit besonderen Voraussetzungen und rechtlichen Eigenschaften. Nachdem eine unzulässige Klageänderung vorlag, galten die Ausführungen

des Berufungsgerichts darüber, daß der Anspruch auf Ersatz des Vermögenschadens unbegründet sei, als nicht vorhanden; andernfalls würde ungewiß sein, welcher Abweisungsgrund in Rechtskraft übergeht. Eine Prüfung des Vermögensschadens konnte also durch das Revisionsgericht nicht erfolgen. In der Revision war weiter die Auffassung vertreten, daß das Revisionsgericht nicht an die rechtliche Beurteilung gebunden sei, die es in seinem früheren Urteil vertreten hatte. Dem stimmte das Reichsgericht nicht zu. Es ist mit den Anforderungen für eine verständige Gestaltung des Prozeßverfahrens nicht vereinbar, daß eine rechtliche Grundlage, auf die das Verfahren in einem Rechtsstreit durch ein Revisionsurteil gestellt ist und die dem Berufungsgericht die maßgebende Richtung gibt, durch eine Änderung der rechtlichen Beurteilung seitens des Revisionsgerichts in demselben Rechtsstreit wieder beseitigt wird. Art. 2 des Gesetzes vom 28. Juni 1935 änderte an dieser in der Rechtsprechung des Reichsgerichts feststehenden Auffassung nichts. Nach dieser Vorschrift soll das Reichsgericht bei der Erfüllung der Aufgabe, an der Berücksichtigung des durch die Staatserneuerung eingetretenen Wandels der Lebens- und Rechtsanschauungen mitzuwirken, nicht durch die Rücksichtnahme auf die aus einer anderen Lebens- und Rechtsanschauung erwachsene Rechtsprechung der Vergangenheit gehindert werden. Demgemäß wurde für zulässig erklärt, daß das Reichsgericht bei der Entscheidung über eine Rechtsfrage von Entscheidungen abweichen kann, die früher ergangen sind. Auf den Fall, daß durch ein Reichsgerichtsurteil in einem Rechtsstreit eine bestimmte Rechtslage geschaffen worden ist, erstreckt sich die Vorschrift nicht. (VI, 1. November 1935.) Amtl. Sammlg. S. 157—167.
Vgl. Bd. 58 S. 286; Bd. 75 S. 259; Bd. 87 S. 5; Bd. 100 S. 55; Bd. 123 S. 38; Bd. 124 S. 322; Bd. 126 S. 261; Bd. 129 S. 224; Bd. 132 S. 330; JW. 1921 S. 1230; 1924 S. 828; 1930 S. 141.

31. **Schiffszusammenstoß. Reichshaftung.** (RVerf. Art. 131; BGB. § 839; RHaftG. § 6; BinnSchiffG. §§ 3, 4; HGB. §§ 485, 486; ZPO. § 547 Nr. 2; GVG. § 71.) Ein dem Deutschen Reich gehöriger Lotsenversetzdampfer stieß mit einem norwegischen Dampfer zusammen und sank. Ein Lotse, der sich auf ihm befand, um

zu einem einlaufenden Dampfer gebracht zu werden und diesen durch den Kaiser-Wilhelm-Kanal zu lotsen, wurde zwar gerettet, erkrankte aber infolge des Unfalls. Er klagte gegen das Deutsche Reich auf Schadenersatz. Der Anspruch wurde mit dem Abmaß als gerechtfertigt anerkannt, daß das Reich nur mit dem Wert des Lotsendampfers hafte. Die Revision des Klägers hatte keinen Erfolg. Sie erstrebte lediglich, daß eine unbeschränkte Haftung des Reiches auf Grund der Art. 131 RVerf., § 839 BGB. anerkannt werde. Auf diesen Rechtsgrund war die Klage von Anfang an gestützt worden; demnach bestand kein Bedenken, ohne Rücksicht auf den Wert des Streitgegenstandes die Revision zur Nachprüfung des Sachverhalts nach dieser Richtung zuzulassen (§ 547 Nr. 2 ZPO., § 71 GVG.). Eine Prüfung, ob aus anderen Rechtsgründen, die das Vorrecht des § 547 Nr. 2 ZPO. nicht genossen, sich eine unbeschränkte Haftung des Reiches ergeben könne, konnte nicht stattfinden. Der Lotsendampfer war ein ausschließlich für den öffentlichen Dienst bestimmtes Schiff; er hatte die Lotsen an Bord der nach der Betriebsordnung für den Kaiser-Wilhelm-Kanal dem Lotsenzwang unterliegenden Schiffe zu bringen. Daraus ergab sich aber nicht, daß die Haftung des Reiches nach anderen Gesichtspunkten zu beurteilen war, als sich aus den schiffahrtsrechtlichen Bestimmungen über die Haftung von Schiffseignern ergibt. Die Haftungsbeschränkung des Schiffseigners auf den Wert des Schiffes ist zurückzuführen auf den Gedanken, daß es bei den besonderen Gefahren und schwierigen Verhältnissen, denen er sein Schiff bestimmungsgemäß aussetzt, billig erscheint, ihn nur mit seinem dieser besonderen Gefahr ausgesetzten Vermögen haften zu lassen. Bei der Verwendung von Schiffen des öffentlichen Dienstes liegt es nicht anders. Dadurch, daß der Schiffsführer eine ihm als Beamten obliegende Amtspflicht verletzt, wird keine Lage geschaffen, die der Fürsorge für den Betroffenen einen weiteren Umfang zu geben geböte. Das gilt gleicherweise für den Seeverkehr wie für den Binnenschiffahrtsverkehr. (I. 6. November 1935.) Amtl. Samml. S. 167—172.

Vgl. Bd. 72 S. 347; Bd. 79 S. 178; Bd. 101 S. 350; Bd. 102 S. 166; Bd. 106 S. 36; Bd. 130 S. 401; Bd. 140 S. 415.

32. Beistand. Pfleger. Vergütung. Vermögen. (BGB. §§ 1693, 1836, 1915.) Ein Rechtsanwalt wurde einer Witwe als Beistand für die Ausübung der elterlichen Gewalt über ihr Kind und später auch als Pfleger des Kindes zwecks Vertretung bei der Auseinandersetzung über den Nachlaß des Vaters bestellt. Das Vormundschaftsgericht bewilligte ihm für seine Tätigkeit eine Vergütung von 400 *RM*. Auf Beschwerde der Mutter setzte das Landgericht den Betrag auf 200 *RM* herab. Die weitere Beschwerde des Beistandes legte das Kammergericht dem Reichsgericht vor, weil es die Auffassung vertrat, daß als Vermögen des Kindes, von dessen Umfang die Zulässigkeit einer Vergütung abhängt, nur das Reinvermögen in Betracht komme, während das Bayerische Oberste Landesgericht entschieden hatte, daß darunter das Aktivvermögen ohne Abzug der Verbindlichkeiten zu verstehen sei. Das Reichsgericht schloß sich der letzteren Auffassung an, die auch vom Kammergericht früher vertreten worden war. Grundsätzlich ist die Tätigkeit des Vormundes, also auch jene des Pflegers, unentgeltlich zu führen; unter bestimmten Voraussetzungen kann aber eine Vergütung bewilligt werden. Eine Voraussetzung ist, daß das Vermögen des Mündels oder Pfleglings die Bewilligung rechtfertigt. Die Bewilligung steht, wenn die Voraussetzungen erfüllt sind, im Ermessen des Gerichts. Maßgebend sind Erwägungen der Billigkeit. Diesen würde es aber nicht entsprechen, wenn man als Vermögen nur das Reinvermögen gelten lassen wollte. Die Folge wäre, daß in vielen Fällen die Vergütung versagt werden müßte, obwohl ein erhebliches Aktivvermögen vorhanden ist, nur weil darauf große Verbindlichkeiten lasten; erfahrungsgemäß machen aber Vermögen, die stark belastet sind, weit mehr Arbeit als solche, bei denen Verbindlichkeiten fehlen. Die Belastung kann allerdings nicht ganz außer Beachtung bleiben; sie ist besonders bei der Bemessung der Vergütung zu berücksichtigen. Unter Umständen ist eine Vergütung zu versagen, wenn das Vermögen überschuldet ist; in anderen Fällen kann aber die Bewilligung einer Vergütung trotz Überschuldung geboten erscheinen, wenn dadurch die Lage des Betreuten nicht unbillig verschlechtert wird und der Umfang der Tätigkeit des Betreuers die völlige Streichung der Vergütung nicht erträglich erscheinen ließe. Eine zu enge Begrenzung der Fälle, in denen Vergütungen gegeben werden, würde in Wahrheit den Mündeln zum Nachteil gereichen. Die Auffassung, daß eine Vergütung nur für eine Tätigkeit bewilligt werden könne, die als Vermögensverwaltung anzusehen sei, erklärte das Reichsgericht für rechtsirrig. Unbedenklich war, daß auch die Tätigkeit des Rechtsanwalts als Beistand bei der Bemessung der Vergütung berücksichtigt wurde. (IV, 14. November 1935.)

Amtl. Sammlg. S. 172—180.
Vgl. Bd. 147 S. 317.

33. **Patent. Vorbenutzung. Schreibmaschine. Richtmale.** (PatG. § 2.) Für eine Erfindung, die sich auf das Richten der Typenkörper bei Schreibmaschinen bezog und im wesentlichen darin bestand, daß an den Rändern der Typenkörper Vorsprünge, die über deren Fläche hinausragten, als Richtmale angebracht wurden, war ein Patent erteilt worden. In der dagegen erhobenen Nichtigkeitsklage war behauptet, die Erfindung sei schon vorher offenkundig benutzt worden. Unstreitig waren aus den Vereinigten Staaten von Amerika Typenstangen eingeführt worden, die außerhalb der Typen erhabene Merkmale trugen. In Deutschland wurden diese Stangen in Schreibmaschinen eingebaut, die in den Handel kamen. In diesen Vorgängen konnte aber eine im Inland stattgehabte offenkundige Vorbenutzung des Gedankens, erhabene Richtmale an Typenkörpern außerhalb der Buchstaben anzubringen und zum Richten zu benutzen, nicht gefunden werden. Alle Vorgänge, welche die Offenbarung dieses Gedankens darstellten, hatten sich im Auslande abgespielt; für die fertige Typenstange, ihren Einbau in die Maschine und die Maschine selbst, waren die stehengebliebenen Male ohne jede Bedeutung. (I, 30. Oktober 1935.) Amtl. Sammlg. S. 180—182.

34. **Konkurs. Gläubigerversammlung. Gläubigerausschuß. Hinterlegung. Gesamtschuldverhältnis. Mitverschulden.** (KO. §§ 82, 87, 88, 89, 129, 132, 137; BGB. §§ 254, 426). Über das Vermögen einer Kommanditgesellschaft wurde das Konkursverfahren eröffnet. Sie hatte kurz vorher ihr Anwesen verkauft. Der Konkursverwalter nahm einen Teil des Kaufpreises in Empfang und legte ihn bei der Stadtbank an. In der ersten Gläubiger-

versammlung wurde ein Gläubigerausschuß bestellt und die Stadtbank als Hinterlegungsstelle bestimmt. Der Konkursverwalter hob das hinterlegte Geld zum großen Teil ab und veruntreute es. Er wurde abgesetzt und wegen Untreue verurteilt. Der neue Konkursverwalter klagte gegen die Stadt auf Schadenersatz, weil die Stadtbank als Hinterlegungsstelle nur gegen eine von einem Mitglied des Gläubigerausschusses mitunterzeichnete Quittung Zahlungen an den Konkursverwalter hätte leisten dürfen. Die Klage drang durch. Die Stadt leistete die ihr auferlegte Zahlung. Ihre Sparkasse, die an die Stelle der Stadtbank getreten war, klagte gegen die Mitglieder des Gläubigerausschusses auf teilweisen Ausgleich, weil sie durch Vernachlässigung ihrer Pflichten die Veruntreuungen des Konkursverwalters möglich gemacht hätten. In zwei Rechtszügen wurde die Klage abgewiesen. Das Reichsgericht verwies die Sache zurück. Die von der Gläubigerversammlung bestimmte Stelle, bei der Gelder und Werte zu hinterlegen sind, erhält damit die Aufgabe, wichtige Bestandteile des Massenbestandes zu sichern. Wenn § 137 KO. bestimmt, daß Quittungen und Anweisungen des Konkursverwalters, falls ein Gläubigerausschuß bestellt ist und die Gläubigerversammlung nicht ein anderes beschließt, zu ihrer Gültigkeit der Mitzeichnung eines Mitglieds des Gläubigerausschusses bedürfen, hat der Konkursverwalter diese Vorschrift nicht nur gegenüber der Masse, sondern auch gegenüber der Hinterlegungsstelle zu beachten. Der Gläubigerausschuß hat ihn hiebei zu überwachen. Verletzt er diese Pflicht, so sind seine Mitglieder dafür nicht nur der Masse, sondern auch der Hinterlegungsstelle verantwortlich. Ist dieser durch die Pflichtverletzung ein Schaden entstanden, so haften ihr dafür die Mitglieder des Gläubigerausschusses nach § 89 KO. Das Berufungsgericht hatte die Hinterlegungsstelle nur insofern als beteiligt am Konkursverfahren anerkannt, als sie von der Masse Vergütungen für ihre Tätigkeit zu verlangen gehabt habe. Diese Auffassung war zu eng; die Hinterlegungsstelle ist eine Gehilfin für die Durchführung des Verfahrens. Unrichtig war die Auffassung der Revision, daß zwischen der Hinterlegungsstelle und den Mitgliedern des Gläubigerausschusses ein echtes Gesamtschuldverhältnis gegenüber der Konkursmasse bestehe und daß sich hieraus eine Ausgleichspflicht ergebe. Allerdings waren neben der Stadtbank auch die Mitglieder des Gläubigerausschusses der Konkursmasse schadenersatzpflichtig, obwohl daneben der Erfüllungsanspruch gegen die Stadtbank fortbestand; wegen der Verschiedenheit des Rechtsgrundes lag aber nur ein unechtes Gesamtschuldverhältnis vor, das keine Ausgleichspflicht erzeugte. Unbenommen blieb den Beklagten, sich auf das Mitverschulden der Rechtsvorgängerin der Sparkasse zu berufen. (VI, 7. November 1935.)

Amtl. Sammlg. S. 182—187.

Vgl. Bd. 67 S. 128; Bd. 74 S. 258; Bd. 143 S. 263.

35. **Angestelltenbestechung. Vollmacht. Beweislast. Rücktritt.** (BGB. § 326.) Bei einer holländischen Gesellschaft wurde ein großer Posten Tabak gekauft. Ein Teil wurde abgenommen; die Abnahme des Restes wurde mit der Begründung abgelehnt, daß der Vertreter der Verkäuferin dem Tabakmeister des Käufers Schmiergelder versprochen und zum Teil auch gegeben habe. Die Klage auf Abnahme wurde vom Berufungsgericht abgewiesen. Das Reichsgericht bestätigte das Urteil. Nach der ständigen Rechtsprechung des Reichsgerichts ist ein Vertrag nichtig, wenn der Bevollmächtigte eines Vertragsteils beim Vertragsabschluß vom Gegner bestochen wird, selbst wenn dem Vollmachtgeber ein ausreichender Gegenwert in dem Vertrag zugesichert wird; die Zuwendung an den Bevollmächtigten kann trotzdem die Gestaltung des Vertrags beeinflußt haben, was bis zum Beweis des Gegenteils zu vermuten ist. Dabei ist nicht die Angemessenheit der Gegenleistung, sondern darüber hinaus zu beweisen, daß der Vertrag ohne die Bestechung unter den gleichen Bedingungen zustande gekommen wäre. Diese Gedankengänge können auf die Vertragserfüllung angewendet werden, wenn die Unredlichkeit des einen Vertragsteils erst nach dem Vertragsschluß einsetzt oder einen Angestellten betrifft, der die Vertragserfüllung beeinflussen kann. Das trifft besonders zu, wenn die Bestechung des Angestellten, der die Ware abzunehmen hat, den Vertragszweck, die Belieferung mit mängelfreier Ware, gefährdet. Die Gefährdung des Vertragszwecks ist eine Vertragsverletzung, die sich je nach Art des Vertrags als so wesentlich darstellen kann, daß dem vertragstreuen Teil die Erfüllung

seiner Vertragspflicht bei billiger Beurteilung nicht zuzumuten ist. Der Beklagte hatte sich allerdings ausdrücklich das Recht der Zurückweisung minderwertiger Ware vorbehalten; er mußte aber um so mehr mit einem Widerstand der Verkäuferin gegen Beanstandungen rechnen, wenn sich diese bei der Lieferung unredliche Machenschaften zuschulden kommen ließ. Der Sinn der Bestechung konnte nur der gewesen sein, die Beanstandung mangelhafter Ware zu verhüten und gewollte oder zufällig unterlaufende Vertragsverletzungen zu verschleiern. Das gab dem Beklagten das Recht zum Rücktritt vom Vertrag. Von der Erhebung eines Beweises über die Güte der schon erfolgten Lieferungen konnte unter solchen Umständen abgesehen werden. (III, 8. November 1935.)

Amtl. Sammlg. S. 187—191.

Vgl. Bd. 130 S. 13; Bd. 134 S. 43; Bd. 136 S. 359.

36. **Gerichtsstand der belegenen Sache. Hypothek.** (ZPO. §§ 24, 25, 36.) Eine Hypothek wurde von mehreren Gläubigern des Berechtigten gepfändet. Der Schuldner wollte gegen sie Feststellungsklage erheben, daß ihnen keine Forderung gegen ihn zustehe. Da sie in verschiedenen Gerichtsbezirken wohnten, bat er um Bestimmung eines Gerichts für alle Klagen. Das Gesuch wurde abgelehnt. Ebenso wie für die Klage des Pfändungsgläubigers einer Hypothek gegen den dinglichen und persönlichen Schuldner ist auch für die Klage des dinglichen und persönlichen Schuldners gegen den Pfändungsgläubiger auf Feststellung, daß ihm keine Forderung zustehe, der dingliche Gerichtsstand des belegenen Grundstücks gegeben. Der Bestimmung eines gemeinsamen Gerichts bedurfte es also nicht (IV, 11. Nov. 1935.) (Amtl. Sammlg. S. 191—192.

37. **Erbengemeinschaft. Herausgabeklage. Streitwert.** (BGB. § 2039; ZPO. §§ 3, 6.) Gegen einen Nachlaßverwalter klagte einer der gesetzlichen Erben auf Feststellung der Richtigkeit des Testaments und Herausgabe des Nachlasses an die Gemeinschaft der gesetzlichen Erben. Für die Zulassung der Revision kam es darauf an, den Wert des Streitgegenstandes festzustellen. Für den Anspruch auf Herausgabe einer Sache berechnet sich der Streitwert grundsätzlich nach dem Wert der Sache. Die frühere Rechtsprechung des Reichsgerichts hat hiervon eine Ausnahme zugelassen für den Fall, daß der Anspruch

zu einem Nachlaß gehört und ein Miterbe die Leistung an alle Erben fordert; dann sollte der Streitwert nach dem Interesse bemessen werden, das der klagende Miterbe an der geforderten Leistung hatte, und dieses Interesse sollte dem Bruchteil des Wertes der Leistung gleichgesetzt werden, der dem Anteil des Miterben an der Erbschaft entsprach. An dieser Auffassung hielt das Reichsgericht nicht mehr fest. Auch in diesem Falle bestimmt sich der Wert des Streitgegenstandes nur nach dem Inhalt des geltend gemachten Anspruchs, also nach dem Werte der herauszugebenden Sache. Damit wird das schwer erträgliche Ergebnis vermieden, daß im Falle der Verurteilung zur Herausgabe von Sachen mit einem die Revisionssumme übersteigenden Wert der Beklagte nicht in der Lage wäre, Revision einzulegen, wenn das Interesse des Klägers die Revisionssumme nicht erreichte. (IV, 16. Dezember 1935.) Amtl. Sammlg. S. 193—195.

Vgl. Bd. 93 S. 127.

38. **Grundstücksverkauf. Löschungspflicht des Verkäufers. Verzug.** (BGB. §§ 276, 285, 326, 434, 435, 439.) Ein Haus, in dem sich ein Betsaal befand, wurde verkauft. Die Umschreibung konnte nicht stattfinden, weil für einen Verein eine Vormerkung zur Sicherung des Anspruchs auf Bestellung einer beschränkten persönlichen Dienstbarkeit (Benutzung des Betsaals) eingetragen war. Mit dem Range nach dieser Vormerkung wurde für den Käufer eine Auflassungsvormerkung eingetragen. Auf die Klage des Verkäufers wurde die für den Verein eingetragene Vormerkung gelöscht; der Verein erwirkte aber sofort eine neue Vormerkung, die nach der Auflassungsvormerkung eingetragen wurde. Der Käufer setzte dem Verkäufer eine Frist zur Wegschaffung dieser Vormerkung; nachdem sie fruchtlos verstrichen war, lehnte er die Vertragserfüllung ab und verlangte Schadenersatz. Der Verkäufer klagte auf Feststellung, daß dieser Anspruch unbegründet sei. Das Berufungsgericht wies die Klage ab. Das Reichsgericht verwies die Sache zurück. Die Vormerkung war als ein Recht anzusehen, zu dessen Wegschaffung der Verkäufer verpflichtet war. Diese Pflicht wurde dadurch nicht beseitigt, daß auch der Käufer in der Lage war, kraft seiner Auflassungsvormerkung die Löschung der rangschlechteren Vormerkung des Vereins zu erzwingen.

Das Berufungsgericht hatte angenommen, daß der Verkäufer in Verzug geraten sei, weil er bis zum Ende der ihm vom Käufer gesetzten Frist die Vormerkung nicht weggefertigt habe. Das erklärte das Reichsgericht für nicht hinlänglich begründet. Solange davon auszugehen war, daß der Verein die Rechtsstellung aus der Vormerkung zu Unrecht für sich in Anspruch nahm, so lange brauchte der Verkäufer mangels besonderer gegen ihn sprechender Umstände die Tatsache der Eintragung der Vormerkung dem Käufer gegenüber nicht zu vertreten. Die Nichtbeseitigung der Vormerkung bis zum Ablauf der gesetzten Frist konnte ihn nur dann in Verzug setzen, wenn sich feststellen ließ, daß er bei gehöriger Sorgfalt die Löschung bis dahin hätte herbeiführen können. Er hatte gegen den Verein eine Klage erhoben; es war nicht geprüft worden, ob er sich bei der Führung des Rechtsstreits eine Säumnis hatte zuschulden kommen lassen. (V, 8. November 1935.) Amtl. Sammlg. S. 195—199.

39. Gemeinschaftliches Testament. Gemeinsame Gefahr. (BGB. §§ 20, 2271, 2296.) Eheleute errichteten am 31. August 1932 ein gemeinschaftliches notarielles Testament, worin sie sich gegenseitig als Erben einsetzten, ohne weitere letztwillige Verfügungen zu treffen. Am 25. September 1932 fertigte der Ehemann eine Urkunde an, welche die Überschrift trug: Unser letzter Wille. In dieser wurde das „gerichtliche" Testament für ungültig erklärt und das Vermögen unter Verwandte des Mannes und der Frau verteilt; unterschrieben war die Urkunde von beiden Ehegatten. Am folgenden Tage nahmen sie sich beide das Leben. Die in dem Testament bedachten Verwandten des Ehemannes klagten gegen die gesetzlichen Erben auf Feststellung, daß das Testament insoweit rechtsgültig sei, als es Verfügungen des Ehemannes enthalte. Das Berufungsgericht wies die Klage ab mit der Begründung, daß das Testament mit den wechselbezüglichen Verfügungen des Testaments vom 31. August 1932 in Widerspruch stehe, und daß der Widerruf dieser Verfügungen nur nach den für den Rücktritt von einem Erbvertrag geltenden Vorschriften, nicht einseitig durch eine neue Verfügung von Todes wegen habe erfolgen können. Diese Ausführungen hielten der rechtlichen Nachprüfung nicht stand. Die Eheleute waren gemeinsam in den Tod gegangen. Es lag die Annahme nahe, daß sie in einer gemeinsamen Gefahr umgekommen waren. Das begründete die Vermutung, daß sie gleichzeitig gestorben waren. Wenn das zutraf, konnte keiner der beiden Ehegatten den anderen beerben; die gegenseitige Erbeinsetzung war also gegenstandslos geworden und stand der Wirksamkeit eines neuen Testamentes nicht im Wege. (IV, 11. November 1935.) Amtl. Sammlg. S. 200—202.

40. Berufungsbegründung. (ZPO. §§ 519, 529, 537.) Ein Mitglied des Vorstandes einer Aktiengesellschaft wurde am 20. Juni 1933 fristlos entlassen. Er klagte gegen die Gesellschaft unter Vorbehalt weiterer Ansprüche auf Zahlung von 12000 *RM* mit der Begründung, daß sein Dienstvertrag über den 1. Juli 1933 hinaus verlängert worden sei; hilfsweise behauptete er, Nachzahlungsansprüche in gleicher Höhe für die Zeit vom 1. Juli 1932 bis 1. Juli 1933 zu haben. Das Landgericht wies die Klage ab; das Berufungsgericht gab ihr statt. Das Urteil des Landgerichts hatte die Frage, ob der Kläger den verlangten Betrag als Gehaltsrückstand verlangen könne, nicht geprüft. In der Berufungsbegründung hatte der Kläger nur die Annahme des Landgerichts bekämpft, daß die fristlose Entlassung mit Recht erfolgt sei. Das Berufungsgericht hatte den Nachzahlungsanspruch für begründet erachtet. Die Revision behauptete, daß das Berufungsgericht sich mit diesem Anspruch nicht zu befassen gehabt habe. Es handelte sich aber nicht um verschiedene Ansprüche, sondern nur um einen Anspruch, dem allerdings eine Hauptbegründung und eine Hilfsbegründung gegeben war. Das Landgericht hatte die Hilfsbegründung unerörtert gelassen. Ob das zu billigen war, blieb dahingestellt. Mit der Berufung des Klägers erwuchs der einheitliche, aber verschieden begründete Anspruch des Klägers in die Berufungsinstanz, und das Berufungsgericht hatte auch auf die Hilfsbegründung einzugehen. Das Vorbringen der Berufungsbegründung durfte im Laufe des Verfahrens ergänzt werden; es ist ja sogar neues, in der Berufungsbegründung nicht mitgeteiltes Vorbringen nicht schlechthin ausgeschlossen, und hier handelte es sich nur um die Würdigung früheren Vorbringens, die das Landgericht unterlassen hatte. (II, 12. November 1935.) Amtl. Sammlg. S. 202—205.

41. Geschäftsführung ohne Auftrag. Eigentumsstörung. Notstand. Selbsthilfe. (BGB. §§ 228, 677, 679, 683, 836, 908, 1004.) Auf einem Felsen im Rhein stand ein kleiner Aussichtstempel. Die Deutsche Reichsbahn beschwerte sich beim Eigentümer des Grundstücks darüber, daß von diesem aus infolge des schlechten Zustandes der Grundmauern des Tempels Steine auf den Bahndamm fielen; die Anbringung eines Schutzzaunes, die sie hatte vornehmen lassen, hatte sich als nicht ausreichend erwiesen. Da der Eigentümer die Beseitigung des Aussichtstempels und des Felsens, auf dem er stand, verweigerte, ließ sie selbst diese vornehmen. Der Eigentümer klagte gegen sie auf Entschädigung. Sie erhob Widerklage auf Ersatz der Auslagen, die ihr durch die Errichtung des Schutzzaunes entstanden waren. Das Landgericht gab der Klage zum Teil statt und wies die Widerklage ab. Die Berufung der Beklagten wurde verworfen. Ihre Revision führte zur Zurückverweisung der Sache. Der durch die Baufälligkeit des Tempels und die Untätigkeit des Klägers geschaffene Notstand gab der Beklagten kein weitergehendes Recht als das, die zur Abwehr der Gefahr erforderlichen Maßnahmen zu treffen. Was darüber hinausging, war widerrechtlich. Ebenso handelte die Beklagte, wenn sie zur Besorgung eines dem Kläger obliegenden Geschäfts in sein Eigentum eingriff, rechtmäßig nur, soweit der Eingriff durch die Belange des Klägers geboten war. In jedem Falle war ein sachlicher Maßstab anzulegen. Erlaubt war der Beklagten, was nach unbefangenem Urteil von dem nach damaliger Lage bei gründlichster Prüfung zu gewinnenden Standpunkt für die Belange der Beklagten (§ 228 BGB.) oder des Klägers (§§ 836, 877, 908 BGB.) wirklich erfordert wurde, nicht, was die Beklagte bei der ihr möglichen und zuzumutenden Sorgfalt für erforderlich halten durfte. Unrichtig war hienach die Auffassung der Revision, daß die Abtragung des Felsens nicht widerrechtlich gewesen sei, weil die Beklagte nach Erschöpfung der sich ihr bietenden Erkenntnisquellen und nach Einholung sachverständigen Rates ihr Vorgehen als geboten habe ansehen dürfen. Begründet war aber die Revision hinsichtlich der Widerklage. Dem Bahnbetriebe drohte aus dem mangelhaften Zustande der Grundmauern des Tempels eine schwere Gefahr, zu deren schleuniger Abwendung die Anbringung eines Schutzzaunes geboten war. Indem die Beklagte diesen Zaun aufführen ließ, besorgte sie ein Geschäft des Klägers, denn dieser war ihr gegenüber verpflichtet, die zur Abwendung der Gefahr erforderlichen Vorkehrungen zu treffen. Auf den Willen des Klägers kam es nicht an, da das Gemeinwohl die Erfüllung der aus § 908 BGB. sich ergebenden Pflicht forderte. Es war aber zu unterscheiden, wieweit die Gefahr durch den schlechten Zustand des Bauwerks und wieweit sie durch die Verwitterung des Felsens begründet war. Da der Kläger nicht verpflichtet war, gegen die aus der Verwitterung des Felsens dem Bahnbetriebe drohenden Gefahren Vorkehrungen zu treffen, wahrte die Beklagte, wenn sie sich gegen diese Gefahren wandte, nur ihre eigenen Belange und hatte keinen Ersatzanspruch gegen den Kläger. Als Störung des Eigentums der Reichsbahn konnte die Beibehaltung des bestehenden Zustandes nicht angesehen werden. Es besteht kein Rechtssatz, wonach Störung fremden Eigentums schon dann gegeben ist, wenn ein Grundstückeigentümer es bei einem von Natur gegebenen Zustand seines Grundstücks unterläßt, die daraus sich ergebende Beeinträchtigung des benachbarten Grundstücks zu verhindern. Diese Auffassung widerspricht auch nicht der heute wieder zur unbestrittenen Geltung gelangten deutschrechtlichen Auffassung vom Wesen des Eigentums als einer sozial gebundenen Einrichtung. Gewiß darf der Eigentümer, und namentlich der Eigentümer von Grund und Boden, sein Recht nicht ohne Rücksicht auf das Gemeinwohl gebrauchen; im Streitfalle handelte es sich aber darum, welcher von zwei Nachbarn das Wirken von Naturgewalten abwenden soll, die auf dem Grundstück des einen ihr Spiel treiben und dadurch das andere gefährden; hier bedeutet das Untätigbleiben keinen Gebrauch des Eigentumsrechts und vollends keinen gegen das Gemeinwohl gerichteten Gebrauch. Daß im Streitfalle das bedrohte Grundstück dem allgemeinen Verkehr diente, änderte nichts an der rechtlichen Beurteilung, die dem Rahmen eines bürgerlichen Rechtsstreits zwischen zwei benachbarten Grundstückeigentümern angepaßt bleiben muß. Der Schutz der Bahnanlagen und des auf ihnen sich bewegenden allgemeinen Verkehrs ging die Beklagte näher an als den Kläger. Unter solchen

Umständen bestand zum wenigsten in der vorliegenden Streitsache kein Grund, durch eine Dehnung des seit langem in der Rechtsprechung fest begrenzten Begriffs der Eigentumsstörung die Verantwortung des Klägers allgemein auf die Ablösung von Felsgestein zu erstrecken. (V, 13. November 1935.) Amtl. Sammlg. S. 205—213. Vgl. Bd. 51 S. 408; Bd. 52 S. 373; Bd. 77 S. 193; Bd. 134 S. 231; JW. 1910 S. 654.

42. **Kraftfahrzeug. Schadenersatz. Mitverschulden. Haftungsgrenze.** (KFG. §§ 12, 17.) Ein Kraftfahrzeug stieß mit einem Eisenbahnzug zusammen; der Wagen wurde zertrümmert, die darin befindliche Frau des Eigentümers getötet. Er klagte gegen die Deutsche Reichsbahn auf Erstattung der Beerdigungskosten und auf Schadenersatz. Der Anspruch wurde vom Berufungsgericht zu $^4/_5$ dem Grunde nach als berechtigt anerkannt. Das Reichsgericht verwies die Sache zurück. Es war zu prüfen, ob nicht auch den Kläger selbst ein Mitverschulden an der Entstehung des Unfalls traf, und wieweit demgemäß eine Verteilung des Schadens geboten war. Bei der Berechnung des Schadens des Klägers kamen die im § 12 KraftFahrzG. vorgesehenen Höchstsätze nicht in Betracht. Der gesetzgeberische Grund für die Einführung dieser Höchstsätze war, durch feste Begrenzung der Ersatzpflicht den Kraftfahrzeughaltern die Möglichkeit zu verschaffen, sich gegen die verschärfte Haftung, die ihnen durch das Gesetz auferlegt wurde, ohne allzu hohe Kosten zu versichern. Dem entspräche es nicht, wollte man die Höchstgrenzen im Falle eines Mitverschuldens auch auf einen dem Halter selbst aufzuerlegenden eigenen Schaden anwenden. Diesem kann ein entsprechender Teil des Schadens auch dann auferlegt werden, wenn dieser Teil über die Höchstsätze des § 12 hinausgeht. (VI, 14. November 1935.) Amtl. Sammlg. S. 213—215.

43. **Unfallversicherung. Schiedsgutachten.** (Vers.-VertrG. §§ 179, 184; BGB. §§ 157, 242.) Nach den allgemeinen Bedingungen einer Versicherungsgesellschaft war für die Unfallversicherung bestimmt, daß die Höhe der Entschädigung im Falle von Meinungsverschiedenheiten durch einen Ärzteausschuß festzustellen und binnen zweier Wochen nach der Entscheidung auszuzahlen sei. Für den Fall der Invalidität war vorgesehen, daß die Gesell-

schaft das Recht haben sollte, nach erfolgter Feststellung die Auszahlung des Kapitals auf zwei Jahre auszusetzen; nach Ablauf dieser Frist sollte die Kapitalentschädigung nach dem für diesen Zeitpunkt festgestellten Invaliditätsgrad bemessen, für die Zwischenzeit sollten 6% des dem jeweils festgestellten Invaliditätsgrad entsprechenden Kapitals gezahlt werden. Ein Versicherter wurde im Jahre 1929 durch den Biß eines Hundes verletzt. Über die Höhe der Entschädigung entstanden Streitigkeiten. Der Ärzteausschuß erstattete sein Gutachten erst am 3. Oktober 1931. Die Versicherungsgesellschaft schob die Auszahlung des Kapitals auf zwei Jahre hinaus. Die Klage auf sofortige Auszahlung wurde vom Berufungsgericht abgewiesen. Das Reichsgericht verwies die Sache zurück. Auch das Berufungsgericht hatte angenommen, daß die Frist für die Auszahlung des Kapitals mit dem Zeitpunkt des Abschlusses der ärztlichen Behandlung wegen der Unfallfolgen, also spätestens Mitte Dezember 1929, zu laufen begonnen habe; die Klage war abgewiesen worden auf Grund der Feststellung, daß der Kläger bei Ablauf der Frist vollständig wieder hergestellt gewesen sei. Das Reichsgericht entschied, daß eine solche Feststellung nur durch den in den Versicherungsbedingungen vorgesehenen Ärzteausschuß hätte getroffen werden dürfen. Wenn die Parteien sich darüber nicht einigen konnten, ob das Verlangen der beklagten Versicherungsgesellschaft nach einer neuen Begutachtung berechtigt war, konnte dies keinen berechtigten Grund dafür abgeben, daß das Gericht über die seiner Entscheidung vertragsgemäß entzogene Frage nunmehr selbst zu entscheiden hätte. Wenn die beklagte Gesellschaft die frühere Entscheidung des Ärzteausschusses nicht mehr gelten lassen wollte, mußte sie nach Treu und Glauben mit Rücksicht auf die Verkehrssitte innerhalb angemessener Zeit die nötigen Maßnahmen treffen, um eine neue Begutachtung herbeizuführen. Das hatte sie nicht getan, sondern durch ihr Verhalten eine solche Begutachtung in einer Weise verhindert, die mit der durch ihre Versicherungsbedingungen begründeten Rechtslage nicht in Einklang zu bringen war; insbesondere hatte sie verlangt, daß für die Prüfung des Falles ein neuer, anders zusammengesetzter Ärzteausschuß die geforderten Feststellungen treffen sollte, obschon nach ihren Bedingungen der auf dem dort vorgeschriebenen Wege gebildete Ärzteausschuß alle mit dem Streitfalle zusammenhängenden Fragen zu entscheiden hatte. An dem unberechtigten Verlangen der beklagten Gesellschaft war eine nochmalige Untersuchung und Begutachtung des Zustandes des Klägers gescheitert. Es war im höchsten Grade unbillig, wenn sie trotzdem weiter darauf beharrte, daß die Untersuchung nach Ablauf einer erheblichen Frist von neuem vorgenommen werde, wodurch eine zuverlässige Feststellung für den in Betracht kommenden, weit zurückliegenden Stichtag wesentlich erschwert, wenn nicht unmöglich gemacht wurde. Die beklagte Gesellschaft mußte sich unter solchen Umständen damit abfinden, daß das von dem Ärzteausschuß im Jahre 1931 erstattete Gutachten der Sachentscheidung zugrunde gelegt wurde, sofern nicht wesentliche Gründe gegen seine Verbindlichkeit geltend gemacht werden konnten. Wenn auch der Versicherte grundsätzlich die Beweislast für die Bemessung des Grades seiner dauernden Beeinträchtigung der Arbeitsfähigkeit zu tragen hatte, rechtfertigte doch im gegebenen Falle der Sachverhalt die Annahme, daß er durch die Vorlegung der Feststellung des Ärzteausschusses seine Beweispflicht erfüllt hatte und daß die Versicherungsgesellschaft die Beweiskraft dieser Feststellung auch für das Ende der Aussetzungsfrist als für sie verbindlich anerkennen mußte. In der neuen Verhandlung war zu prüfen, ob die Feststellungen des Ärzteausschusses gemäß § 184 VersVertrG. wegen offenbaren Abweichens von der wirklichen Sachlage für unverbindlich erklärt werden konnte. Dabei war zu beachten, daß hiefür entscheidend war, ob die Feststellungen zur Zeit ihrer Vornahme von der wirklichen Sachlage abwichen und ob das einem Sachverständigen bei unparteiischer und gewissenhafter Prüfung deutlich erkennbar war. (VII, 15. November 1935.)

Amtl. Sammlg. S. 215—223.

44. Unlauterer Wettbewerb. Sittenwidrige Werbung. Schutzmittel. (UnlWG. §§ 1, 3, 13; StGB. § 184.) Eine Fabrik, die gewerbsmäßig Gummiwaren, besonders Präservative, herstellte, legte den Packungen, in denen diese verkauft wurden, Drucksachen bei, worin deren Verwendung beschrieben und empfohlen war. Eine andere Fabrik, welche die gleichen Waren herstellte, klagte auf Unterlassung mit der Begründung, daß diese Empfehlung gegen das sittliche Empfinden verstoße. In zwei Rechtszügen drang die Klage durch. Das Reichsgericht verwies die Sache zurück. In den Urteilen der Untergerichte war dargelegt, daß seit dem politischen Umbruch eine Wandlung der sittlichen Anschauungen im deutschen Volke stattgefunden habe, und daß nunmehr das früher nicht beanstandete hemmungslose geschlechtliche Ausleben ohne Pflichten und Sorgen verurteilt werde; hiernach wurde es als unzulässig erklärt, durch die Erwähnung der Verhütung der Empfängnis zum außerehelichen Geschlechtsverkehr anzuregen und damit den Absatz der hierfür geeigneten Waren zu fördern. Die Revision der Beklagten hob dem gegenüber hervor, daß auch nach dieser Auffassung der Klägerin, die selbst die gleichen Waren herstellte, kein Rechtschutzinteresse zustehe, die Unterlassung von Behauptungen zu erzwingen, in denen die Güte der gleichen Ware ihres Wettbewerbers geschildert wurde. Das erklärte das Reichsgericht für unrichtig. Daß die Klägerin in der gleichen Weise wie die Beklagte Werbung für ihre Waren betrieb, war nicht festgestellt; unter allen Umständen war aber die Klägerin zur Geltendmachung des Unterlassungsanspruchs nach § 13 UnlWG. befugt. Der Einwand der Arglist, gestützt auf die Behauptung, die Klägerin tue das gleiche, was sie als sittenwidrige Werbung beanstande, konnte nicht erhoben werden, wenn die Klägerin nur von der zur Wahrung öffentlicher Belange gewährten Klagebefugnis des Gesetzes Gebrauch machte. Auch die Auffassung der Revision, daß der Wettbewerber nicht dazu berufen sei, das sittliche Empfinden der Allgemeinheit zu schützen, wurde vom Reichsgericht nicht gebilligt. Der Maßstab der guten Sitten ist der in den beteiligten Kreisen herrschenden Volksanschauung zu entnehmen. Zu diesen gehören auch die Personen, denen gegenüber das zu beurteilende Verhalten der Gewerbetreibenden geübt wird. Dieser Personenkreis war im vorliegenden Falle gleichbedeutend mit der Volksgesamtheit, da jedermann aus dem Volke durch die in Rede stehenden Wettbewerbshandlungen unmittelbar oder mittelbar berührt werden konnte. Hemmungsloser Wettbewerb der Hersteller und Händler von Waren, der das Gebiet des Geschlechtslebens berührt, eine Anreizung zu unsittlichem Verkehr bildet und sich auch auf Jugendliche auswirkt, wird nach dem gesunden Empfinden im Volke als sittenwidrig und unlauter betrachtet. Diese Kennzeichnung wird nicht dadurch aufgehoben, daß ein Teil der beteiligten Gewerbetreibenden, entsprechend einem im Gewerbe geübten Gebrauch, einen anderen Standpunkt vertritt. Das Gesetz gegen den unlauteren Wettbewerb bezweckt nicht ausschließlich den Schutz des lauteren Wettbewerbs, sondern auch den Schutz der Allgemeinheit; die Unterlassungsklage soll nicht nur den Wettbewerber schützen, sondern zur Wahrung des Gemeinwohls den Auswüchsen im Wettbewerb überhaupt entgegentreten. Eine das allgemeine sittliche Empfinden des Volkes verletzende Handhabung des Wettbewerbskampfes führt auch den eine solche Werbungsart ablehnenden Gewerbetreibenden zu entsprechenden Abwehrhandlungen und im weiteren Verlauf zu einer Verwilderung der Sitten, die durch Erweckung von Abneigung in Käuferkreisen das lautere Gewerbe schädigt oder doch schädigen kann. Das Berufungsgericht hatte aber mit der Auffassung, daß die Anpreisung von Präservativen ohne Rücksicht auf die Form und den Inhalt der Anpreisung stets gegen die guten Sitten verstoße, nicht genügend die tatsächlichen Gegebenheiten und die Notwendigkeit berücksichtigt, den hieraus folgenden schweren Gefahren für die Volksgesundheit und die Erhaltung der Rasse entgegenzutreten. Der außereheliche Geschlechtsverkehr mag dem gesunden Volksempfinden als etwas gegen die guten Sitten Verstoßendes erscheinen; an der Tatsache, daß er trotzdem in erheblichem Umfang stattfindet, kann auch der Richter nicht vorübergehen. Der außereheliche Geschlechtsverkehr ist aber der Weg zur Verbreitung der Geschlechtskrankheiten, die eine ungeheure Gefahr für die Volksgesundheit, ja für den Bestand der Rasse bilden; darum hat der Gesetzgeber das öffentliche Ankündigen, Anpreisen und Ausstellen von Mitteln und Verfahren, die zur Verhütung von Geschlechtskrankheiten dienen, gestattet und solche Handlungen nur verboten, wenn sie in einer die Sitten und den Anstand verletzenden Weise erfolgen. Diese Vorschrift des Strafgesetzbuchs ist auch von der jetzigen Regierung aufrecht erhalten worden. Diese Regelung hat auch für die Auslegung des § 1 UnlWG. Bedeutung. Wenn das Strafgesetz und ihm folgend die zuständigen

Verwaltungsbehörden die Anpreisung von Mitteln zur Verhütung von Geschlechtskrankheiten, zu denen unzweifelhaft auch Präservative gehören, an und für sich erlauben, können solche Anpreisungen nicht schon um deswillen allein gegen die guten Sitten des lauteren Wettbewerbs verstoßen, weil die Minderung der Ansteckungsgefahr geeignet sein kann, Hemmungen gegen den außerehelichen Geschlechtsverkehr auszuschalten. Nur die Art und Weise der Anpreisung kann gegen die guten Sitten verstoßen. Eine Anpreisung, die zum außerehelichen Geschlechtsverkehr anreizte, stände nicht im Einklang mit dem Anstandsgefühl aller gerecht und billig denkenden Menschen. Ob das hier der Fall war, hatte das Berufungsgericht neuerdings zu prüfen. Dabei war nicht außer acht zu lassen, daß die Druckschriften nur den Packungen der Präservative beilagen, deren Käufer also von ihnen erst Kenntnis nehmen konnten, nachdem sie diese schon erworben hatten. (II, 15. November 1935.) Amtl. Sammlg. S. 224—231.

45. **Zwischenstaatliches Recht. Ehescheidung französischer Staatsangehöriger.** (BGB. § 1568; EG.z.BGB. Art. 17; ZPO. §§ 328, 606.) Ein Franzose schloß im Jahre 1922 mit einer Deutschen die Ehe. Den Wohnsitz hatten die Eheleute in Deutschland. Im Jahre 1927 verließ die Frau die eheliche Wohnung. Im Jahre 1932 wurde sie zu Wiederherstellung der ehelichen Gemeinschaft verurteilt. Sie leistete keine Folge. Das auf Scheidung lautende Urteil des Berufungsgerichts wurde vom Reichsgericht bestätigt. In Frankreich werden die von ausländischen Gerichten erlassenen Urteile auf Scheidung der Ehen von französischen Staatsangehörigen als rechtsgültig jedenfalls dann anerkannt, wenn im französischen Inland ein Wohnsitz nicht begründet ist und die Parteien im Bezirk des angerufenen Gerichts ihren Wohnsitz haben. Das traf hier zu. Für die Entscheidung war französisches Recht maßgebend und neben dem deutschen Recht auch angewendet worden. Darauf, ob hinsichtlich der Anerkennung die Gegenseitigkeit als verbürgt anzusehen ist, kam es nach § 606 Abs. 4 PZO. nicht an. (IV, 21. November 1935.) Amtl. Sammlg. S. 232—234.

Vgl. Bd. 85 S. 153; Bd. 143 S. 130.

46. **Irrtum. Anfechtung. Grundschuld. Sache. Eigenschaft.** (BGB. §§ 119, 121, 123, 142, 143.) Auf dem An-

wesen einer G. m. b. H. lag an erster Stelle eine Grundschuld von 130000 RM, an zweiter Stelle eine Grundschuld von 40000 RM. Der Gläubiger der ersten Grundschuld fiel in Konkurs. Der Inhaber der zweiten Grundschuld verhandelte mit dem Konkursverwalter wegen Erwerbs der ersten Grundschuld. Der Geschäftsführer der G. m. b. H. redete ihm zu mit der Begründung, das Anwesen habe einen Mietertrag von 18600 RM gehabt, der Mindestwert sei demgemäß auf 6 × 18600 = 111600 RM zu berechnen; wer die erste Grundschuld für 100000 RM erhalte, mache ein glänzendes Geschäft. Um diesen Betrag wurde die Grundschuld erworben. Als die Anzahlung geleistet werden sollte, focht der Käufer den Kauf wegen arglistiger Täuschung an. Der Konkursverwalter wies die Anfechtung zurück. Die Klage auf Leistung der Anzahlung wurde abgewiesen. Der Mietertrag betrug nur 14000 RM. Das Berufungsgericht hatte die Anfechtung wegen arglistiger Täuschung für unzulässig erklärt, weil der Konkursverwalter die vom Geschäftsführer der G. m. b. H. verübte Täuschung weder gekannt habe noch habe kennen müssen. Die Anfechtung wegen Irrtums war vom Berufungsgericht zugelassen worden, weil der Beklagte infolge der falschen Auskunft des Geschäftsführers der G. m. b. H. sich über eine im Verkehr als wesentlich angesehene Eigenschaft der Grundschuld, nämlich über die wirtschaftliche Ertragsfähigkeit des Anwesens, geirrt habe. Diese Begründung traf nicht zu. Richtig war allerdings, daß der Rechtsbegriff der verkehrswesentlichen Sacheigenschaft auch auf den Grundschuldkauf angewendet wurde, da der Begriff „Sache" im § 119 BGB. nicht im strengen Wortsinne des § 90 BGB. gebraucht ist. Die wirtschaftliche Ertragsfähigkeit des Anwesens konnte aber nicht als eine verkehrswesentliche Eigenschaft der darauf liegenden Grundschuld angesehen werden. Unter diesen Begriff fallen nur solche tatsächliche und rechtliche Verhältnisse, die den Gegenstand selbst kennzeichnen, nicht Umstände, die nur mittelbar einen Einfluß auf seine Bewertung auszuüben vermögen. Das Reichsgericht hat schon wiederholt die Ansicht abgelehnt, daß beim Grundstückkauf gewisse Rechtsverhältnisse einer auf dem Grundstück lastenden Hypothek als Eigenschaften des Grundstücks angesprochen werden könnten. Ebensowenig dürfen umgekehrt beim Kauf einer Hypothek oder Grundschuld rechtliche Verhältnisse des belasteten Grundstücks als Eigenschaften der Hypothek oder Grundschuld angesehen werden. Dagegen wurde die angefochtene Entscheidung durch die Anwendung des § 119 Abs. 1 BGB. auf den festgestellten Tatbestand gerechtfertigt. Der Irrtum des Beklagten über die Friedensmiete des Anwesens konnte allerdings nur dann als ein Irrtum über den Inhalt seiner Erklärung angesehen werden, wenn dieser Irrtum die Erklärung maßgebend beeinflußt hatte und dem Konkursverwalter ausdrücklich oder stillschweigend kenntlich gemacht worden war, daß der Beklagte gerade die ihm von dem Geschäftsführer der G. m. b. H. gemachte Angabe über den Mietertrag des Anwesens der Preisberechnung für die Grundschuld und damit dem ganzen Kauf zugrunde legte. Hätte es an der zweiten Voraussetzung gefehlt, so würde nur ein unbeachtlicher Irrtum im Beweggrunde vorgelegen haben. Den tatsächlichen Feststellungen des Berufungsgerichts war zu entnehmen, daß der Käufer sich auf die Angaben des Geschäftsführers der G. m. b. H. verlassen und das dem Konkursverwalter in unmißverständlicher Weise zum Ausdruck gebracht hatte. Das genügte zur Anfechtung des Kaufes. (V, 22. November 1935.) Amtl. Sammlg. S. 235—240. Vgl. Bd. 103 S. 21; Bd. 112 S. 329; JW. 1914 S. 674.

47. **Pächterschutz. Kündigung.** (PachtSchG. § 1.) Dem Pächter eines landwirtschaftlichen Anwesens wurde am 18. Mai 1932 fristlos wegen rückständigen Pachtzinses gekündigt. Er wurde zur Räumung verurteilt und am 10. Juli aus dem Besitz entsetzt. Am 15. Juli erklärte das Pachteinigungsamt die Kündigung für wirkungslos; der Pächter kehrte in das Anwesen zurück. Am 8. August 1933 kündigte der Verpächter neuerdings fristlos. Der Antrag des Pächters, diese Kündigung für wirkungslos zu erklären, wurde als verspätet zurückgewiesen. Die Klage auf Feststellung der Unwirksamkeit der Kündigung drang vor dem Berufungsgericht durch. Das Reichsgericht verwies die Sache zurück. Daß der Streit um die sachliche Berechtigung der Kündigung vor den ordentlichen Gerichten auszutragen war, konnte keinem Bedenken unterliegen. Die neue Kündigung war nur aus solchen Gründen zuzulassen, die nach der früheren Entscheidung

des Pachteinigungsamtes eingetreten waren; auch Gründe, die vor dieser Zeit lagen, von denen aber der Verpächter erst nachträglich Kenntnis erlangt hatte, konnten nicht beachtet werden. Das Gesetz stellt nicht darauf ab, ob der Kündigungsgrund der Beurteilung des Pachteinigungsamtes unterbreitet war, sondern schlechthin auf die Zeit des Entstehens. Als wichtiger Grund für die Kündigung ist aber vor allem anzuerkennen, daß die ordnungsmäßige Führung des Betriebs durch den Pächter nicht gesichert erscheint. Die Ursache hievon muß nicht in der Tätigkeit des Pächters liegen; auch ist ein Verschulden nicht erforderlich. Eine solche Beurteilung für die Zeit, die vor der früheren Entscheidung des Pachteinigungsamtes liegt, darf zwar nicht mehr als Kündigungsgrund herangezogen werden; wenn jedoch die tatsächlichen Unterlagen der Beurteilung auch nach diesem Zeitpunkt bestehen und nicht nur aus früherem Verhalten hergeleitet werden, liegt darin ein Umstand, der nach der Entscheidung des Pachteinigungsamtes eingetreten ist. Nach dieser Richtung hatte das Berufungsgericht den Sachverhalt nicht geprüft, insbesondere die Behauptung nicht gewürdigt, daß der Pächter nicht mehr die Mittel habe, um den Betrieb fortzuführen, und daß sein Vater, dem die Betriebsführung oblag, sich dauernd als untauglich hiefür erwiesen habe. (IV, 25. November 1935.) Amtl. Sammlg. S. 240—242.

48. **Unlauterer Wettbewerb. Zugabe. Werbegabe. Wertreklame.** (UnlWG. §§ 1, 13; ZugVO. vom 9. März 1932.) Der Verband der Handlungen für Zahnbedarf vermittelte den Kunden der ihm angeschlossenen Handlungen jährlich ein wertvolles Tagebuch. Vor Beginn des Kalenderjahres wurden von den einzelnen Handlungen Postkarten an Zahnärzte und Zahnheilkundige versandt, in denen der Verband mitteilte, daß die Herstellung und der Vertrieb der Tagebücher für das ganze Reich einheitlich geregelt sei; die Empfänger wurden ersucht, in der Bestellkarte die Handlung zu bezeichnen, über welche sie die Lieferung wünschten. Die Bestellkarte war an den Verband gerichtet; dieser schickte sie an die darin angegebene Handlung. Die Handlung bestellte das Buch bei der Buchdruckerei, die es herstellte und sandte es den Bestellern zu. Ein Verlag, der die Herausgabe eines ähnlichen Tagebuchs in die Wege geleitet hatte, klagte gegen

den Verband auf Unterlassung der Mitwirkung bei der Verteilung der unentgeltlichen Abgabe der Tagebücher. Die Klage drang durch. Die Entscheidung hing davon ab, ob es sich bei den Tagebüchern um eine Zugabe handelte. Aus dem Begriff der Zugabe folgt, daß die als Zugabe in Betracht kommende Leistung in Verbindung mit einer Hauptleistung stehen muß; nicht notwendig ist aber, daß Hauptleistung und Nebenleistung räumlich und zeitlich zusammenfallen. Der Zusammenhang kann auch bestehen, wenn die Nebenleistung vor oder nach der Hauptleistung bewirkt wird. Dem Zweck des Zugabeverbotes würde es widersprechen, wenn am Schluß des Jahres den Kunden wertvolle Gegenstände geliefert würden, auf die sie zwar keinen Anspruch haben, auf deren Lieferung sie aber nach dem Verhalten ihres Lieferers in früheren Jahren rechnen können und die sie zum Geschäftsverkehr gerade mit diesem Lieferer veranlaßt haben. Es kann auch kein Unterschied zwischen Zugabe und Werbegabe gemacht werden; der sog. Wertreklame entgegenzutreten, ist gerade der Zweck der Zugabeverordnung. Nach Lage der Sache unterlag es keinem Zweifel, daß es sich hier um verbotene Zugaben handelte. Die Tagebücher waren nicht etwa Reklamegegenstände von geringem Wert oder sonstige kleine Geschenke, die vom Zugabeverbot ausgenommen sind; sie stellten vielmehr wertvolle Geschenke dar, die von den Kunden der Handlungen käuflich hätten erworben werden müssen, wenn sie ihnen nicht unentgeltlich zur Verfügung gestellt worden wären. Durch diese unentgeltliche Lieferung wurde ein moralischer Zwang auf die Empfänger geübt; die liefernde Handlung rechnete auf das Anstandsgefühl der Empfänger, das diesen verbot, einen wertvollen Gegenstand entgegenzunehmen und zu benutzen, die Waren aber von einer anderen Handlung zu beziehen. Der enge Zusammenhang zwischen der Gabe und dem Warenbezug des Empfängers und der Wille der Handlungen, das Tagebuch nur denen zukommen zu lassen, die wirklich Waren von ihnen bezogen, trat ganz besonders in der Einrichtung der Verteilung der Tagebücher in die Erscheinung. Diese Verteilung ging auf die Anregung des beklagten Verbandes zurück und stand unter seiner Leitung. Mochte die Einrichtung auch durch das Bestreben veranlaßt sein, unnötige Mehrlieferungen zu verhüten, so zeigte sie doch, daß Geber und Empfänger die Gabe als sachlich wertvoll ansahen, und daß die einzelnen Handlungen die Ausgabe für das Tagebuch nur machen wollten, wenn der Empfänger von ihnen Waren in größerer Menge bezog. Die Unterlassungsklage nach der Zugabeverordnung setzt nicht voraus, daß die beanstandete Handlung zu Zwecken des unlauteren Wettbewerbs erfolgte; vielmehr genügt, daß sie geeignet ist, die vom Gesetz verbotene Art des Wettbewerbs darzustellen. Soweit die Tagebücher an Zahnärzte und Zahnheilkundige geliefert wurden, die im verflossenen Jahre von der liefernden Handlung noch keine Waren bezogen hatten, war zu prüfen, ob die unentgeltliche Verteilung der Bücher nicht gegen § 1 UnlWG. verstieß. Die Zugabeverordnung wollte diese Vorschrift nicht dahin einschränken, daß eine Wertreklame, die nicht unter den Begriff der Zugabe fällt, künftig schlechthin erlaubt sein soll. Unter den gegebenen Umständen lag eine Zuwiderhandlung gegen die guten Sitten des Wettbewerbs vor; dafür sprach der Wert der Gabe, der Zwang für den Empfänger, das Buch nur von einer bestimmten Handlung zu beziehen, die Notwendigkeit einer besonderen Anforderung und die Einrichtung des Absatzes. Die unentgeltliche Verteilung stellte hier, wenn sie auch nicht im Zusammenhang mit einem bestimmten Warenbezug stand, ein Lockmittel dar, das nach den heutigen Anschauungen gegen die guten Sitten des Wettbewerbs verstößt. Die Klageberechtigung des klagenden Verlages ergab sich aus § 13 UnlWG. Diese Vorschrift fordert nur, daß der Kläger Waren oder Leistungen gleicher oder verwandter Art herstellt oder in den geschäftlichen Verkehr bringt; ob die Ware von dem einen als Hauptleistung, von dem anderen als Nebenleistung in den Verkehr gebracht wird, macht keinen Unterschied. Beim Begriff „verwandter Art" ist von einer weiten Auslegung des Gesetzes auszugehen, da nur dadurch ein wirksamer Schutz gegen unlauteren Wettbewerb erreicht werden kann. (II, 10. Dezember 1935.)

Amtl. Sammlg. S. 242—251.
Vgl. RGSt. Bd. 61 S. 58.

49. Forderungspfändung. Auskunftspflicht. (ZPO. §§ 170, 840; BGB. §§ 242, 823.) P. hatte für eine Forderung gegen B. ein vollstreckbares Urteil erwirkt. B.

hatte H. zur Sicherung angeblicher Ansprüche Möbel sowie zwei Wechsel übergeben. P. ließ den Rückgabeanspruch des B. gegen H. pfänden und sich überweisen. H. erklärte dem Gerichtsvollzieher, der ihm den Pfändungsbeschluß zustellte, daß er die Herausgabe der Sachen verweigere, weil er von B. 1800 *RM* zu fordern habe. Auf weitere Anfragen, die P. selbst an ihn gelangen ließ, erklärte H. wiederholt, daß von Herausgabe der Wechsel keine Rede sein könne. Nachdem P. erfahren hatte, daß der eine Wechsel von B. weiter gegeben worden sei, nahm er an, daß H. ihn trotz der Pfändung und Überweisung an B. zurückgegeben habe, und klagte gegen H. auf Schadenersatz wegen Verletzung seines Pfandrechts. Es stellte sich heraus, daß H. diesen Wechsel niemals in Besitz gehabt hatte. Darauf stellte B. seine Klage auf Verletzung der Auskunftspflicht nach § 840 ZPO. um. Die Klage wurde abgewiesen, weil der Pfändungs- und Überweisungsbeschluß versehentlich nicht beglaubigt worden war. Nun klagte B. gegen den preußischen Staat auf Schadenersatz mit der Begründung, der Gerichtsvollzieher habe ihm gegenüber seine Amtspflicht verletzt und dadurch die Durchführung seines Schadenersatzanspruchs vereitelt. Das Landgericht wies die Klage ab. Das Reichsgericht verwies die Sache an das Landgericht zurück. Die Entscheidung hing davon ab, ob der Kläger im Falle wirksamer Zustellung des Pfändungs- und Überweisungsbeschlusses mit seinem Schadenersatzanspruch gegen H. durchgedrungen wäre. Das Landgericht hatte die Frage mit der Begründung verneint, daß H. zu einer weiteren Auskunft, als er sie dem Gerichtsvollzieher erteilte, nicht verpflichtet gewesen sei. Das erklärte das Reichsgericht für rechtsirrig. Indem H. erklärte, daß er die im Pfändungs- und Überweisungsbeschluß aufgeführten Sachen nicht herausgebe, gab er zu, daß er sie besitze. Damit verletzte er die ihm obliegende Auskunftpflicht. Gegen diese verstößt nicht nur, wer überhaupt keine Erklärung abgibt, sondern auch, wer vorsätzlich oder fahrlässig eine inhaltlich falsche Erklärung abgibt und dadurch den Pfändungsgläubiger irre führt. Die Schadenersatzpflicht folgt unmittelbar aus § 840 ZPO., würde sich übrigens auch aus § 823 BGB. ergeben, da § 840 ZPO. den Schutz der Pfändungsgläubiger gegen Vollstreckungshandlungen bezweckt, die infolge falscher oder unterlassener Angaben des Drittschuldners fehlgehen. Die nachfolgenden Erklärungen waren als Ergänzungen der ersten Angaben des H. verlangt und als solche von ihm abgegeben worden. Es konnte dahingestellt bleiben, ob er zur Abgabe dieser Erklärungen verpflichtet war; wenn er sich zu den ergänzenden Mitteilungen entschloß, mußten diese wahrheitsgetreu sein. Das ergab sich aus § 242 BGB. in Verbindung mit § 840 ZPO. H. hatte, als er die unrichtige Erklärung abgab, mindestens unter Außerachtlassung der im Verkehr erforderlichen Sorgfalt, also fahrlässig gehandelt und hätte bei richtigem Vorgehen des Gerichtsvollziehers verurteilt werden müssen (III, 29. Oktober 1935.) Amtl. Sammlg. S. 251—256.

50. Transportversicherung. Haftpflichtversicherung. Kollisionsversicherung. Konkursvorrecht. (VersAufsG. §§ 1, 65—78, 80, 148; KO. §§ 61, 141, 142, 144, 146.) Über ein Flußschiff wurde eine Kaskoversicherung abgeschlossen. Der Vertrag enthielt auch eine sog. Kollisionsklausel, wonach sich die Versicherung auf allen Schaden erstreckte, der durch das Schiff anderen Schiffen und deren Ladungen zugefügt wurde. Das Schiff stieß mit einem anderen Schiff zusammen und beschädigte dieses. Der Eigentümer verlangte von der Versicherungsgesellschaft Ersatz des Betrages, den er dem Eigentümer des anderen Schiffes zu leisten gehabt hatte. Die Gesellschaft war inzwischen in Konkurs geraten. Der Konkursverwalter erkannte die Forderung zunächst aufschiebend bedingt, dann aber unbedingt an. Vor der unbedingten Anerkennung hatte der Versicherte für seine Forderung das Konkursvorrecht nach § 80 VersAufsG. beansprucht; dieses war ihm verweigert worden. Das Berufungsgericht wies seine Klage ab. Das Reichsgericht stellte das beanspruchte Vorrecht fest. Die Versicherung war zum Teil Transportversicherung, zum Teil Haftpflichtversicherung. Der Anspruch des Klägers war auf die Haftpflichtversicherung gegründet. Diese gehört nicht zu den Versicherungszweigen, für welche die Vorschriften des Versicherungsaufsichtsgesetzes über die Deckungsrücklagen gelten und auf die sich nach § 80 VersAufsG. das dort behandelte Konkursrecht nicht erstreckt. In Frage kam aber, ob das Konkursvorrecht nur für Versicherungsunternehmungen gilt, die der Aufsicht unterliegen. Das hat das Reichsgericht schon in einer früheren Entscheidung verneint (Bd. 147 S. 69). Die gegenteilige Auffassung läßt sich nicht darauf stützen, daß die Bestimmung sich im Versicherungsaufsichtsgesetz befindet; sie hat mit Aufsichtsbestimmungen nichts zu tun. Es würde eine offenbare Rechtsungleichheit bedeuten, wenn die Versicherten eines Versicherungsunternehmens, das sowohl beaufsichtigte wie unbeaufsichtigte Versicherungszweige betreibt, im Konkurs des Unternehmens verschieden behandelt würden; es wäre nicht verständlich, warum die bei aufsichtsfreien Unternehmungen Versicherten, die ohnehin des Schutzes, den die Aufsicht gewährt, entbehren, auch noch im Konkursfall in ihren Rechten beschränkt würden. Das Reichsgericht hielt also an der im früheren Urteil vertretenen Auffassung fest. Das Vorrecht konnte dem Kläger auch nicht deshalb aberkannt werden, weil die Forderung zuerst als einfache Konkursforderung angemeldet worden war. Mit ausführlicher Begründung entschied das Reichsgericht, daß auch für eine ohne Vorrecht zur Tabelle festgestellte Forderung das Vorrecht nachträglich noch geltend gemacht werden kann; die entgegengesetzte Auffassung, die in einer früheren Entscheidung (Bd. 143 S. 355) ausgesprochen war, wurde nicht mehr festgehalten. Im vorliegenden Falle war zudem zweifelhaft, ob durch die aufschiebend bedingte Anerkennung der Forderung diese schon als einfache Konkursforderung festgestellt war. (VII, 26. November 1935.)

Amtl. Sammlg. S. 257—270.

Vgl. Bd. 20 S. 412; Bd. 38 S. 417; Bd. 141 S. 57; Bd. 143 S. 355; Bd. 147 S. 69, 78.

51. Fortgesetzte Gütergemeinschaft. Ersatzustimmung. Erbhof. (BGB. §§ 1447, 1487.) Ein im Jahre 1927 verstorbener Landwirt wurde von seiner Witwe und seinen 5 Kindern beerbt. Er hatte mit seiner Frau in allgemeiner Gütergemeinschaft gelebt; die Witwe setzte die Gütergemeinschaft mit den Kindern fort. Am 22. November 1934 wurde das Anwesen als Erbhof eingetragen. In notarieller Verhandlung vom 30. Juni 1934 hatte die Witwe den ältesten Sohn als Anerben bestimmt und ihm das Anwesen unter Zugrundelegung des Einheitswertes von 29800 *RM* gegen Übernahme der Hypotheken und der nicht gesicherten Schulden überlassen; er hatte sich verpflichtet, für sie ein Altenteil und für seine vier Geschwister je 2500 *RM* als Ausstattung eintragen zu lassen. Von den Geschwistern stimmten drei dem Vertrage zu; eine Schwester lehnte die Zustimmung ab, weil sie glaubte, einen höheren Betrag als Vatererbe und Ausstattung erhalten zu müssen. Das Vormundschaftsgericht ersetzte ihre Zustimmung. Auf ihre sofortige Beschwerde hob das Landgericht den Beschluß auf. Die weitere Beschwerde der Witwe legte das Kammergericht dem Reichsgericht vor, weil es sich an deren Zurückweisung durch Entscheidungen des Bayerischen Obersten Landesgerichts gehindert sah. Das Reichsgericht gab der weiteren Beschwerde statt. Das Landgericht hatte eine Veräußerung des Anwesens im Rahmen ordnungsmäßiger Verwaltung für geboten erklärt, weil die Witwe wegen hohen Alters das Anwesen nicht mehr selbst bewirtschaften konnte; es hatte aber angenommen, daß durch den Vertrag den einzelnen Miterben ihr Erbteil schon jetzt überwiesen werden solle und das eine der Erbfolge vorgreifende Auseinandersetzung nicht zur ordnungsmäßigen Verwaltung des Gesamtgutes gehöre. Das Reichsgericht erklärte, daß jedenfalls dann, wenn es sich um einen Erbhof handelt, die vertragliche Überlassung eines Anwesens an den Anerben unter gleichzeitiger Regelung der den weichenden Erben zustehenden Abfindungen zur ordnungsmäßigen Verwaltung des Anwesens gehört. Ein Eingriff in die Ansprüche der Erben läßt sich nicht vermeiden, wenn eine Einigung nicht zu erzielen ist. Solche Eingriffe in die Rechte einzelner Mitglieder einer Familie in Rücksicht auf die Belange der Familie und deren Erhaltung auf einem nicht überlasteten Hof laufen dem heutigen Rechtsempfinden nicht zuwider. (IV, 25. November 1935.) Amtl. Sammlg. S. 271—274.

52. **Steuerermittlung. Gutachten. Amtspflichtverletzung.** (RVerf. Art. 131; BGB. § 839.) Eine Fabrik brachte unter der Bezeichnung „Schoko-Trunk" eine dickflüssige Mischung von Kakaopulver, Zucker und Wasser in den Verkehr, aus der durch Zusetzung von Wasser ein Trank hergestellt werden konnte. Die Zollfahndungsstelle in Berlin prüfte, ob die Mischung nach dem damals geltenden Mineralwassersteuergesetz als Grundstoff für die Herstellung von Kunstlimonaden anzusehen war. Sie

sandte Proben der Mischung an die technische Prüfungsanstalt der Reichszollverwaltung zur Begutachtung. Das Gutachten, wonach die Mischung als Grundstoff anzusehen war, wurde von der Fahndungsstelle dem zuständigen Hauptzollamt zugeleitet mit der Anweisung, die Bestände der Fabrik zwecks der Besteuerung mit 20 *RM* für das Kilo aufzunehmen. Ein Beauftragter der Fabrik verhandelte daraufhin mit dem Landesfinanzamt, dem das Hauptzollamt unterstand; es wurde ihm empfohlen, beim Reichsfinanzministerium Beschwerde zu führen. Das Ministerium entschied, daß die Mischung nicht unter das Mineralwassersteuergesetz falle. Der Eigentümer der Fabrik behauptete, auf die Eröffnung des Gutachtens hin die Herstellung der Mischung aufgegeben zu haben, und klagte gegen das Deutsche Reich auf Schadenersatz. In allen Rechtszügen wurde die Klage abgewiesen. Die Zollfahndungsstelle in Berlin war zur Entscheidung der Frage, ob die Mischung steuerpflichtig war, nicht zuständig. Es kam ihr auch nicht zu, dem Hauptzollamt eine Anweisung zu erteilen; das war aber nur eine den inneren Dienst betreffende Angelegenheit. Das Hauptzollamt faßte die Anweisung auch nicht als verbindlich auf, sondern prüfte die Frage der Besteuerung selbständig. Das Gutachten der Prüfungsanstalt diente nur als Unterlage für die weitere Entschließung; es hätte erst dann eine untrennbare Einheit mit dieser Entschließung gebildet, wenn diese sich darauf gestützt hätte. Im gegebenen Falle hatte aber das Gutachten zu keiner dem Kläger nachteiligen Entscheidung geführt. Dem Kläger war nicht einmal eine solche Entscheidung angekündigt, vielmehr die Einreichung einer Beschwerde an das Ministerium empfohlen worden. (III, 5. November 1935.) Amtl. Sammlg. S. 275—281.

Vgl. Bd. 103 S. 429; JW. 1931 S. 47.

53. **Defektenbeschluß. Beweislast.** (BGB. §§ 282, 839; PrDefVO. § 16.) Bei einem preußischen Kommunalverband war eine Bürokasse eingerichtet, aus der verschiedene kleinere Ausgaben bestritten wurden. Ihre Verwaltung war dem leitenden Bürobeamten anvertraut; eine Buchführung bestand nicht. Die Kasse wurde regelmäßig auf einem eisernen Bestand von 1200 *RM* gehalten, der ihr aus der Kreiskommunalkasse überwiesen wurde. Eine Revision im Jahre 1933 ergab erhebliche unbelegte

Beträge und führte zum Erlaß eines Defektenbeschlusses über rund 13000 *RM*. Der Beamte, der die Kasse geführt hatte, klagte gegen den Kommunalverband auf Feststellung, daß der Defektenbeschluß unwirksam sei und daß ein Ersatzanspruch gegen ihn nicht bestehe. In zwei Rechtszügen drang die Klage durch. Das Reichsgericht verwies die Sache zurück. Die Klage war mit Recht gegen den Kommunalverband erhoben worden. Es war nicht zu prüfen, ob die Voraussetzungen für den Erlaß eines Defektenbeschlusses vorlagen, sondern ob eine Schadenersatzverpflichtung des Klägers überhaupt bestand, so daß die Klage auch dann abzuweisen war, wenn dem Kläger zwar kein grobes Verschulden, wie es Voraussetzung für den Defektenbeschluß ist, sondern nur leichte Fahrlässigkeit zur Last fiel. In diesem Streit über die Ersatzverbindlichkeit ist der rechte Gegner die Stelle, welcher der Ersatzanspruch zusteht, nicht die Stelle, die den Defektenbeschluß erlassen hat. Das Berufungsgericht hatte angenommen, der Beklagte habe das Verschulden des Klägers zu beweisen, dieser habe nur den Gegenbeweis zu führen. Das erklärte das Reichsgericht für rechtsirrig. Der Beamte, dem Gelder anvertraut sind, hat, falls ein Fehlbetrag festgestellt wird, in entsprechender Anwendung des § 282 BGB. zu beweisen, daß dieser infolge eines von ihm nicht zu vertretenden Umstandes entstanden ist; soweit er den Beweis schuldig bleibt, ist er zum Ersatz verpflichtet. Umfang und Gegenstand des Beweises konnten im gegebenen Falle nicht dadurch geringer werden, daß mit oder ohne Schuld des Klägers eine geordnete Buchführung und Aufbewahrung der Belege unterblieben war. Auf unterlassene Prüfung durch andere Beamte konnte der Kläger sich nicht berufen, weil ein Mitverschulden anderer Beamter nicht zu seiner Entlastung gegenüber der Kasse, sondern zur allenfalls zur gesamtschuldnerischen Haftung aller beteiligten Beamten führen konnte. Soweit der Kläger Ausgaben behauptete, die aus der Kasse möglicherweise ohne Belege geleistet worden waren, konnte für die Frage der Wahrheit dieser Behauptungen die Persönlichkeit des Klägers und seine allgemeine Glaubwürdigkeit in die Waagschale gelegt werden; auch war zu erwägen, welche Bedeutung der Behauptung des Klägers zukam, die Bürokasse sei während seiner Urlaubszeit von anderen Beamten verwaltet worden, die keine Bücher geführt hätten. Im übrigen hatte aber Schwierigkeiten in der Beschaffung der Ausgabenbelege der Kläger allein zu vertreten. (III, 8. November 1935.) Amtl. Sammlg. S. 282—286.

54. Notar. Belehrungspflicht. Amtspflichtverletzung. Beweisaufnahme. Parteivernehmung. Niederschrift. (BGB. § 839; ZPO. §§ 160, 355, 375, 512, 548.) Eine Frau gewährte einem Bäckermeister ein Darlehen, zahlte es aber erst aus, nachdem dieser ihr zu notarieller Urkunde die Eintragung einer Hypothek auf seinem Anwesen bewilligt, die Einrichtung der Bäckerei übereignet, seinen Lebensversicherungsanspruch abgetreten und sein Sohn selbstschuldnerische Bürgschaft übernommen hatte. Bei der Versteigerung des Anwesens fiel die Hypothek der Darlehensgeberin aus. Die Einrichtung der Bäckerei wurde von den vorausgehenden Hypothekengläubigern in Anspruch genommen. Der Lebensversicherungsanspruch erwies sich als unverwertbar. Die Bürgschaftserklärung des Sohnes war nichtig, da er noch nicht volljährig war. Die Darlehensgeberin klagte gegen den Notar auf Schadenetsatz, weil er seine Prüfungs- und Belehrungspflicht verletzt habe. Das Berufungsgericht gab der Klage mit der Maßgabe statt, daß die Klägerin ihre Ansprüche gegen den Darlehensschuldner und die Lebensversicherungsgesellschaft abtrete. Das Reichsgericht verwies die Sache zurück. Der Notar ist allerdings nicht ohne weiteres auch der wirtschaftliche Berater der seine Amtstätigkeit in Anspruch nehmenden Personen; er hat aber bei der ihm aufgetragenen Abfassung der Willenserklärungen nicht nur den rechtsgeschäftlichen Willen der Beteiligten genau zu erforschen und klar zum Ausdruck zu bringen, sondern auch dafür Sorge zu tragen, daß der von den Beteiligten erstrebte rechtliche Erfolg mit der Urkunde erreicht wird. Die unverkennbare Absicht der Klägerin geht dahin, neben der Sicherung durch die Hypothek noch eine weitere Sicherung durch die Einrichtung der Bäckerei und die Bürgschaftserklärung des Sohnes des Schuldners zu erhalten. Dieser Rechtserfolg war bei der Einrichtung dadurch gefährdet, daß diese den der Klägerin vorausgehenden Grundstückgläubigern gesetzlich mitverhaftet war; bei der Bürgschaftserklärung des Sohnes war der Erfolg wegen seiner beschränkten Geschäftsfähigkeit überhaupt nicht erreichbar. Diese Rechtslage muß der Beklagte bei gebotener Sorgfalt erkennen und die Klägerin darüber belehren. Von dieser Pflicht wurde er auch nicht dadurch befreit, daß die Klägerin sich durch andere rechtskundige Personen hatte beraten lassen, selbst wenn er davon Kenntnis gehabt hätte. Zu weit ging die Annahme des Berufungsgerichts, daß der Beklagte auch den wirtschaftlichen Wert des der Klägerin abgetretenen Versicherungsanspruchs hätte prüfen sollen. Eine solche Verpflichtung erwuchs ihm auch nicht aus der Bitte der Klägerin, die Sache recht genau zu nehmen. Nur dann, wenn die besonderen Umstände des Falles die Vermutung nahe legen, daß der Beteiligte aus der Erklärung Schaden erleiden werde, und wenn sie anderseits nicht mit Sicherheit ergeben, daß er die Gefahr erkennt, ist eine Belehrungspflicht gegeben. — Die Klägerin war zuerst vom Berufungsgericht uneidlich, dann von einem auswärtigen Amtsgericht eidlich vernommen worden. Über die uneidliche Vernehmung war eine Niederschrift nicht aufgenommen worden; dem Beschluß, der die Vereidigung der Klägerin anordnete, war eine nicht unterzeichnete, ausführliche Wiedergabe ihrer uneidlichen Vernehmung beigefügt worden. Die hierauf gestützte Verfahrensrüge wurde nicht als begründet anerkannt. Die uneidliche Vernehmung hatte vor dem Prozeßgericht selbst stattgefunden, brauchte also, da dessen Urteil nicht mit Berufung anfechtbar war, nicht in einer Niederschrift festgehalten zu werden. Das Berufungsgericht hatte diese Aussage auch gar nicht verwertet, sondern nur die vor dem Amtsgericht gemachte eidliche Aussage, über die eine formgerechte Niederschrift vorlag. Nach dieser war ihr zuerst die dem Beweisbeschluß beigelegte Wiedergabe ihrer früheren Aussage vorgelesen und dann ihre Erklärung dazu, die eine Reihe von Ergänzungen und Berichtigungen enthielt, festgelegt worden; damit war für das Prozeßgericht die Möglichkeit einer Beurteilung der Aussage gegeben. Daß die eidliche Vernehmung der Klägerin einem Amtsgericht übertragen worden war, verstieß nicht gegen das Gesetz. Allerdings ist durch die neue Fassung des § 375 ZPO. die Unmittelbarkeit der Beweisaufnahme stärker betont worden, als das bisher zutraf. Nach § 355 ZPO. findet aber eine Anfechtung des Beschlusses, durch den eine Beweisaufnahme einem anderen Gericht übertragen worden ist, nicht statt; es kann also darauf auch keine Revision gestützt werden. (III, 12. November 1935.)

Amtl. Sammlg. S. 286—293.

55. Gesellschaft mit beschränkter Haftung. Löschung. Liquidation. Pfändung von Stammeinlagen. (GmbHG. §§ 7, 19, 69; RG. vom 9. Oktober 1934.) G. und S. gründeten zusammen eine G. m. b. H. Jeder Gesellschafter übernahm eine Stammeinlage von 10000 *RM*; diese war zu einem Viertel einzuzahlen. S. wurde als Geschäftsführer bestellt. W. gewährte der Gesellschaft ein Darlehen von 7000 *RM*. Da er zur Beschaffung des Geldes in einem von ihm geführten Rechtsstreit einen Vergleich schloß und hierbei einen Nachlaß von 2000 *RM* gewährte, wurde ihm der Ersatz dieses Betrags zugesichert. Nach kurzer Zeit brach die G. m. b. H. zusammen. W. erwirkte ein rechtskräftiges Urteil gegen sie, erlangte aber aus ihrem Vermögen nur teilweise Befriedigung. Wegen des Restes von 7600 *RM* ließ er den Anspruch der Gesellschaft gegen S. auf Zahlung der rückständigen Stammeinlage in der Höhe von 7500 *RM* pfänden. Der Klage gegen S. gab das Berufungsgericht in der Höhe von 7200 *RM* nebst Zinsen statt. Die Revision des Beklagten hatte keinen Erfolg. Der Anspruch einer G. m. b. H. auf die Stammeinlage kann gepfändet werden, wenn der Gesellschaft der Gegenwert des gepfändeten Anspruchs voll zufließt, d. h. wenn an die Stelle des gepfändeten Anspruchs ein vollwertiges Entgelt tritt, m. a. W., wenn im Zeitpunkt der Zustellung des Pfändungsbeschlusses an den Drittschuldner die Forderung des betreibenden Gläubigers gegen die Gesellschaft vollwertig ist. Das Berufungsgericht hatte angenommen, daß dies nicht zutraf, weil die Gesellschaft schon im Jahre 1929 zusammengebrochen war, die Zustellung des Pfändungsbeschlusses aber erst am 5. Juli 1930 stattgefunden hatte. Trotzdem hatte es die Wirksamkeit der Pfändung bejaht, weil die Gesellschaft am 25. Juni 1931 wegen Vermögenslosigkeit von Amts wegen im Handelsregister gelöscht worden war und, da weitere Gläubiger der Gesellschaft die Stammeinlage des Beklagten nicht in Anspruch genommen hatten, niemand mehr durch die Pfändung und Überweisung des

Rückstandes an den Kläger geschädigt werden könne. Diese Begründung erkannte das Reichsgericht nicht als zutreffend an. Die Löschung der Gesellschaft hatte keine rechtschaffende Wirkung in dem Sinne, daß nun die Gesellschaft endgültig zum Erlöschen kam; sie hatte vielmehr nur die Bedeutung der Beurkundung einer Tatsache. Erweist sich die aus der Einstellung des Geschäftsbetriebes und dem in die Erscheinung tretenden Mangel an Vermögen folgende Vermutung, daß das Gesellschaftsverhältnis vollkommen abgewickelt sein, nachträglich als unrichtig, so kann der Eintrag der Löschung wieder gelöscht werden und es kann eine nachträgliche Liquidation stattfinden. Während der Liquidation besteht die Gesellschaft zum Zwecke der ordnungsmäßigen Abwicklung ihrer Geschäfte fort. Wieweit während dieser Zeit die Vorschriften des § 19 GmbHG. über die Einzahlung der Stammeinlagen beobachtet werden müssen, hängt von den Umständen ab. Wenn nur ein einziger Gläubiger vorhanden ist, durch dessen Befriedigung also berechtigte Belange anderer Gläubiger nicht beeinträchtigt werden können, ist nicht einzusehen, warum diesem die Einlageforderung nicht abgetreten und warum sie nicht von ihm gepfändet werden könnte. Die Erwägungen, die dazu geführt haben, die Löschung einer vermögenslosen Gesellschaft auch ohne Auflösungsbeschluß und Liquidation zuzulassen, müssen auch dazu führen, die Pfändung für zulässig zu erklären, statt den Gläubiger auf den zwecklosen Umweg zu verweisen, die Aufhebung der Löschung und die Bestellung eines Liquidators zu beantragen, der nichts zu tun hätte, als die Forderung einzuziehen und den Gläubiger aus dem Erlös zu befriedigen. Der Beklagte hatte sich darauf berufen, daß die Einzahlungen auf die Stammeinlagen nach deren Verhältnis zu leisten seien, daß also die Gesellschaft die rückständige Stammeinlage auch von G. hätte anfordern müssen, und daß der Kläger somit nur die Hälfte seiner rückständigen Einlageschuld hätte pfänden können. Damit konnte er keinen Erfolg haben. Wenn auch die Stammeinlage von jedem Gesellschafter nach Verhältnis der Einlageschuld zu leisten ist, kann einem Pfändungsgläubiger gegenüber eine Einrede daraus doch nur dann abgeleitet werden, wenn der andere Gesellschafter nicht herangezogen worden ist, obwohl er die Einlage hätte leisten können; im vorliegenden Falle stand aber die Vermögenslosigkeit von G. fest. Wenn eine Einlageforderung in zulässiger Weise gepfändet worden ist, bedarf es auch keines Beschlusses der Gesellschafterversammlung auf deren Einziehung mehr. Die Stammeinlagen sind, wenn nicht der Gesellschaftsvertrag die Zeit der Einzahlung bestimmt, mit der Eintragung der Gesellschaft in das Handelsregister zur Zahlung fällig. Die Gesellschafterversammlung kann sich darüber schlüssig machen, wann sie einzufordern sind; für eine solche Entschließung ist aber kein Raum, wenn die Forderung auf einen Dritten übertragen worden ist. Der Beklagte hatte schon vor der Eintragung der Gesellschaft in das Handelsregister Zahlungen an diese geleistet; diese konnten aber nicht als Zahlungen auf die Stammeinlage behandelt werden. Barzahlungen, die ein Gesellschafter auf die Stammeinlage vor Eintragung der Gesellschaft in das Handelsregister macht, braucht die Gesellschaft nur dann gegen sich gelten lassen, wenn der Gesellschafter im Zeitpunkt der Leistung dazu berechtigt, die im Entstehen begriffene Gesellschaft zur Annahme verpflichtet war; andernfalls würde das Ziel des Gesetzes, das Gesellschaftskapital in dem Zeitpunkt zu sichern, da die Gesellschaft ins Leben tritt, gefährdet werden. Bis zur Eintragung ist der Geschäftsführer nur zu solchen Handlungen berechtigt, die mit dem Gründungsvorgang zusammenhängen und notwendig sind, um die Eintragung der Gesellschaft zu erreichen. Dazu gehört nicht die Annahme von Zahlungen, die erst fällig sind, wenn die Gesellschaft durch Eintragung zur Entstehung gelangt ist. Eine Vereinbarung der Gesellschafter, daß die vor der Eintragung geleisteten Zahlungen auf die Einlage anzurechnen seien, hätte der Aufnahme in den Gesellschaftsvertrag bedurft. (II, 12. November 1935.)

Amtl. Sammlg. S. 293—304.

Vgl. Bd. 45 S. 155; Bd. 54 S. 278; Bd. 56 S. 331; Bd. 59 S. 252; Bd. 76 S. 434; Bd. 83 S. 370, Bd. 124 S. 264, 380; Bd. 133 S. 81; Bd. 141 S. 204; JW. 1922 S. 94; 1930 S. 2586; 1931 S. 2096.

56. Aktiengesellschaft. Stimmrecht. Abhängigkeit. (HGB. § 226.) Die Klägerin war früher die Holding-Gesellschaft eines Konzerns, zu dem zwei Aktiengesellschaften (J. G. A. und J. G. L.) gehörten. Zwischen den Verwaltungen kam es zu Unstimmigkeiten, die zur wirtschaftlichen Trennung führten. Während der Verhandlungen erwarb die J. G. A. die Mehrheit der Aktien der J. G. L. und umgekehrt diese die Mehrheit der Aktien der J. G. A. In der Generalversammlung der J. G. A. beantragte die Klägerin zu beschließen, daß die Aktien der J. G. L. nicht stimmberechtigt seien, und daß der Treuhänder, der für die J. G. L. das Stimmrecht ausübte, nicht mitstimmen dürfe. Der Antrag wurde abgelehnt. Die Klägerin erklärte Widerspruch zu Protokoll und klagte auf Feststellung der Nichtigkeit des Ablehnungsbeschlusses. Das Landgericht wies die Klage ab; die unmittelbar eingelegte Revision hatte keinen Erfolg. Das Landgericht hatte angenommen, daß die J. G. L. von der beklagten Aktiengesellschaft beherrscht, also von ihr abhängig sei, und daß darum die Erwerbung der Aktienmehrheit der Beklagten durch die J. G. L. gesetzwidrig gewesen sei, daß sich aber daraus kein Ruhen des Stimmrechts ergebe. Das Reichsgericht ließ dahingestellt, ob bei der eigenartigen Verflechtung der beiden Gesellschaften wirklich von einer Abhängigkeit gesprochen werden konnte; im Ergebnis trat es dem Landgericht bei. Es muß angenommen werden, daß der Gesetzgeber absichtlich und aus wohlerwogenen Gründen davon abgesehen hat, das Ruhen des Stimmrechts der im Besitz einer abhängigen Gesellschaft befindlichen Aktien in der gleichen Weise anzuordnen, wie er das für die im eigenen Besitz der herrschenden Aktiengesellschaft befindlichen Aktien und für solche Aktien getan hat, die einem anderen für ihre Rechnung und damit wirtschaftlich der herrschenden Gesellschaft selbst gehören. Dahingestellt blieb, ob etwa dann, wenn sich das ganze Aktienkapital der abhängigen Gesellschaft im Besitz der herrschenden Gesellschaft befinden sollte, eine andere Beurteilung Platz greifen müßte. Das traf hier nicht zu. Daß die J. G. L. die Aktien der Beklagten für deren Rechnung erworben hätte, war nicht einmal behauptet; ebensowenig war ersichtlich, daß die Stimmrechtausübung der J. G. L. aus ihrem Besitz an Aktien der Beklagten eine rechtsmißbräuchliche gewesen wäre; der Erwerb der Aktien war erfolgt, um Gefahren zu begegnen, die der J. G. A. im Falle der Fortdauer des

maßgeblichen Einflusses der Klägerin drohten. (II, 19. November 1935.) Amtl. Sammlg. S. 305—312.
Vgl. Bd. 103 S. 64; Bd. 108 S. 41; Bd. 115 S. 246.

57. **Tatbestand. Protokoll. Berichtigung.** (ZPO. §§ 161, 313, 320, 418.) Das Ergebnis einer Zeugenvernehmung war im Tatbestand des Berufungsurteils niedergelegt, aber nicht zu Protokoll festgestellt worden. Auf Grund einer schriftlichen Erklärung des Zeugen war eine Berichtigung des Tatbestandes beantragt, aber durch Beschluß des Berichterstatters, der allein noch dem erkennenden Senat angehörte, abgelehnt worden. Die Revision blieb erfolglos. Der wesentliche Inhalt der Aussagen von Zeugen hat regelmäßig im Sitzungsprotokoll Aufnahme zu finden; wenn die Vernehmung vor dem Prozeßgericht selbst erfolgt und gegen das Urteil Berufung nicht zugelassen ist, genügt die Wiedergabe im Urteil. Ob das im Tatbestand oder in den Gründen des Urteils geschieht (die dann eben insoweit einen Teil des Tatbestandes bilden), steht im Ermessen des Gerichts. Zweck der Wiedergabe der Aussage ist die Ermöglichung der Nachprüfung der richtigen Rechtsanwendung. Durch die Aufnahme der Aussagen in den Tatbestand des Urteils wird ein vollgültiges Zeugnis des Gerichts über die vor ihm erstatteten Aussagen hergestellt. Allerdings ist dies Zeugnis (anders als das Zeugnis über das mündliche Parteivorbringen) durch jedes Beweismittel widerlegbar. Wenn unzulässigerweise ein Tatbestand nicht berichtigt wird, kann das mit Revision gerügt werden. Im vorliegenden Falle war aber das Berichtigungsverfahren aufgenommen und ordnungsmäßig durchgeführt worden; eine neue Beweisaufnahme war mit Recht abgelehnt worden. Die Auffassung der Revision, daß eine solche Beweiserhebung zulässig gewesen wäre, wenn der Inhalt der Zeugenaussage in das Sitzungsprotokoll aufgenommen worden wäre, traf nicht zu. Gerade wenn außerhalb des Tatbestandes ein abgeschlossenes gerichtliches Beweiserhebungsprotokoll vorliegt und auf dieses im Tatbestand nur verwiesen wird, ist eine inhaltliche Berichtigung der Beweisverhandlungen schon nach § 320 ZPO. ausgeschlossen; denn dann ist der Tatbestand des Urteils, der nur auf die abgeschlossene Urkunde hinweist, unter allen

Umständen richtig. Das Prozeßgericht, das über den Antrag auf Berichtigung des Tatbestandes zu entscheiden hat, kann als solches gerichtliche Protokolle nicht berichtigen, die nur von den Urkundspersonen zu verantworten und daher auch nur von ihnen zu berichtigen sind. Ein gesetzlich geordnetes Berichtigungsverfahren in dieser Richtung gibt es nicht, wenn auch schon angenommen worden ist, daß ein Gericht, das eine Protokollberichtigung auf Antrag als unzulässig ablehnt, auf Beschwerde dazu angehalten werden kann, sachlich zu prüfen, ob Anlaß zu einer Berichtigung vorliegt. Entscheidend ist aber immer nur die Überzeugung der Urkundspersonen, ob das Protokoll so oder anders hätte gefaßt werden müssen, mag auch eine Anhörung der Beteiligten vorhergehen. (II, 19. November 1935.) Amtl. Sammlg. S. 312—320. Vgl. Bd. 17 S. 348; Bd. 145 S. 390; RAG. Bd. 14 S. 176; JW. 1930 S. 1528; 1935 S. 1021.

58. **Einstweilige Verfügung. Schadenersatz. Verjährung. Zurückbehaltungsrecht. Widerklage. Klagezurücknahme. Sitzungsprotokoll.** (BGB. §§ 212, 320, 717, 852; ZPO. § 945.) Ein Bagger wurde um 44000 *RM* verkauft; 10000 *RM* wurden sofort anbezahlt. Weitere Zahlungen verweigerte der Käufer mit der Begründung, daß die Maschine unbrauchbar sei. Der Verkäufer erhob Klage auf die Herausgabe des Baggers. Er erwirkte eine einstweilige Verfügung, auf Grund deren der Gerichtsvollzieher den Bagger am 29. April 1929 für ihn in Besitz nahm. Das Landgericht gab der Klage statt. Im Berufungsverfahren erhob der Käufer Widerklage auf Rückgabe der Anzahlung. Das Armenrecht für die Widerklage wurde ihm versagt; der Beschluß wurde am 4. Oktober 1932 zugestellt. Durch Urteil vom 14. Juli 1933 erklärte das Berufungsgericht den Rechtsstreit in der Hauptsache für erledigt mit Rücksicht auf die Wegnahme des Baggers auf Grund der einstweiligen Verfügung; über die Widerklage enthielt das Urteil nichts. Nun erhob der Käufer Klage auf Rückgabe der Anzahlung. Im ersten Rechtszug wurde die Klage damit begründet, daß der Bagger mit Mängeln behaftet gewesen sei, die nicht hätten beseitigt werden können; es wurde Schadenersatz wegen Nichterfüllung beansprucht. Das Landgericht wies die Klage ab. Im zweiten Rechtzug stützte der Kläger die

Klage zuerst auf § 717 ZPO., dann auf § 945 ZPO., indem er ausführte, die Anordnung der einstweiligen Verfügung (die durch vorläufig vollstreckbares Versäumnisurteil erfolgt war) sei von Anfang an unberechtigt gewesen, weil ihm wegen seines Anspruchs auf Zurückgabe der Anzahlung ein Zurückbehaltungsrecht zugestanden habe. Das Berufungsgericht bestätigte das Urteil des Landgerichts mit der Begründung, daß der Anspruch des Klägers verjährt sei. Das Reichsgericht verwies die Sache zurück. Mit Recht hatte das Berufungsgericht angenommen, daß eine unzulässige Klageänderung nicht vorliege. Eine solche war auch darin nicht zu finden, daß der Anspruch zunächst auf die Vollstreckung des die einstweilige Verfügung anordnenden Versäumnisurteils (§ 717), dann auf die Vollstreckung der einstweiligen Verfügung (§ 945) gestützt worden war; es handelte sich hier um eine unrichtige Anführung von Gesetzesstellen, die dem Kläger nicht zum Nachteil gereichen konnte, weil er zur Anführung der nach seinem Dafürhalten maßgebenden Gesetzesstellen überhaupt nicht verpflichtet war. Die Annahme, daß Schadenersatzansprüche aus § 945 ZPO. in drei Jahren verjähren, gab zu rechtlichen Anständen keinen Anlaß; wenn auch ein solcher Anspruch kein Verschulden des Verpflichteten voraussetzt, ist er doch als ein Anspruch aus unerlaubter Handlung im weiteren Sinne aufzufassen. Für den Beginn der Verjährung kam es allerdings nicht auf die Zeit des Vollzugs der einstweiligen Verfügung an, sondern auf die Zeit, da der Kläger von dem durch den Vollzug für ihn entstandenen Schaden Kenntnis erlangte. Entscheidend war, ob durch die Erhebung der Widerklage die Verjährung unterbrochen worden war, und ob die Unterbrechung zur Zeit der Erhebung der neuen Klage noch fortdauerte. Das Berufungsgericht hatte angenommen, daß die Widerklage nach Zustellung des das Gesuch um das Armenrecht abweisenden Beschlusses noch im Oktober 1932 stillschweigend zurückgenommen worden sei. Das stand aber im Widerspruch mit dem Sitzungsprotokoll über die letzte mündliche Verhandlung im früheren Rechtsstreit, wonach in dieser die gleichen Anträge gestellt wurden wie in der ersten Verhandlung; in dieser war aber nach dem Sitzungsprotokoll die Widerklage erhoben worden. Gegen die Richtigkeit des

Sitzungsprotokolls wäre nur der Nachweis der Fälschung zulässig gewesen; dieser war nicht versucht worden. Demnach war anzunehmen, daß die Widerklage noch in der Schlußverhandlung vom 7. Juli 1933 aufrecht erhalten worden war. Eine Abweisung der Widerklage hatte überhaupt nicht stattgefunden, da das Urteil vom 14. Juli 1933 von der unbegründeten Annahme ausging, die Widerklage sei stillschweigend zurückgenommen worden. Demgemäß mußte die Frage ausscheiden, ob innerhalb 6 Monaten nach Abweisung der Widerklage die neue Klage erhoben worden war. Allerdings war die Widerklage unzulässig gewesen, weil der damalige Kläger ihrer Erhebung im zweiten Rechtszug widersprochen hatte; aber die Unterbrechung der Verjährung kann auch durch Klagen erfolgen, die aus verfahrensrechtlichen Gründen unzulässig sind. Die Begründung des Berufungsurteils reichte also für die Abweisung der Klage nicht aus. Das hätte allerdings nicht zur Aufhebung des Urteils führen können, wenn der Schadenersatzanspruch des Klägers schon nach seinem eigenen Vorbringen unberechtigt gewesen wäre. Das war aber nicht der Fall. Bei gegenseitigen Verträgen ist die Geltendmachung eines Zurückbehaltungsrechts durch die Verjährung des Anspruchs, wegen dessen es geübt werden soll, nicht gehindert. Der Schadenersatzanspruch des Klägers wegen der Nichterfüllung des Kaufvertrags und der Anspruch des Beklagten auf Rückgabe des Baggers standen in einem die Anwendung des § 320 BGB. rechtfertigenden Abhängigkeitsverhältnis zu einander. Die Auffassung, daß für eine Erfüllungsweigerung kein Raum sei, wenn der Anspruch auf Schadenersatz wegen Nichterfüllung eines gegenseitigen Vertrages erhoben wird, trifft nicht zu für den Fall, daß dem Schadenersatzanspruch ein Anspruch des Schadenersatzpflichtigen auf Rückgabe der mangelhaft gelieferten Kaufsache entgegensteht. Der Annahme eines Zurückbehaltungsrechts stand auch nicht entgegen, daß der Beklagte seinen Anspruch auf Herausgabe des Baggers auf sein Eigentum an der Maschine stützen konnte; auch gegenüber diesem Anspruch konnte der Kläger sein Recht zum Besitz des Baggers bis zur vollständigen Erfüllung der aus dem Kaufvertrag sich ergebenden Verpflichtungen zur Geltung bringen. (I, 16. November 1935.) Amtl. Sammlg. S. 321—328.

Vgl. Bd. 74 S. 249; Bd. 78 S. 207; Bd. 106 S. 291; Bd. 139 S. 354.

59. **Unlauterer Wettbewerb. Betriebsgeheimnis.** (UnlWG. § 17.) Eine Maschine zur Anfertigung von Stiefeleisen aus Eisendraht wurde nach Polen verkauft. Der Käufer wollte noch eine zweite Maschine der gleichen Art erwerben; da ihm der Preis zu hoch erschien, wandte er sich an eine andere Fabrik mit der Anfrage, ob ihm diese eine Maschine zu billigerem Preise liefern könne. Ein Angestellter dieser Fabrik kam zu ihm, zerlegte die Maschine, nahm von den einzelnen Teilen die Maße und fertigte genaue Zeichnungen an; auf dieser Grundlage wurden dann Maschinen hergestellt und verkauft. Der Eigentümer der ersten Fabrik klagte auf Unterlassung der Herstellung und des Vertriebs, Auskunfterteilung und Feststellung der Schadensersatzpflicht. Das Landgericht gab der Klage statt; das Berufungsgericht wies sie ab; das Reichsgericht stellte das Urteil des Landgerichts wieder her. Das Berufungsgericht hatte eine unbefugte Verwertung eines Betriebsgeheimnisses, dessen Kenntnis durch eine gesetz- oder sittenwidrige Handlung erlangt war, zu Zwecken des Wettbewerbs deshalb nicht für gegeben erachtet, weil eine Entwendungshandlung, die in den Betrieb hineinreichte, nicht nachgewiesen sei. Das Reichsgericht erklärte es für unerheblich, ob dem Geschäftsinhaber noch ein Recht an dem einzelnen, das Betriebsgeheimnis verkörpernden Gegenstand zusteht, oder ob das Stück, das zu der Erlangung der Kenntnis des Geheimnisses gedient hat, einem anderen überlassen ist. Dem Schutz unterliegt nicht die geheimzuhaltende Tatsache als solche oder das einzelne Erzeugnis des Betriebes, bei dessen Herstellung sie verwendet ist, sondern die Beziehung der das Geheimnis bildenden Tatsache zu dem Betrieb; es ist geheimzuhalten, daß eine bestimmte Tatsache, z. B. ein Verfahren, das nicht ausschließlich in einem bestimmten Betrieb angewendet zu werden braucht, in ihm vorgekommen ist, vorkommt oder vorkommen wird. Die Beziehung einer den Gegenstand eines Betriebsgeheimnisses bildenden Tatsache zu dem bestimmten Geschäftsbetrieb ist aber nicht beendet mit der Veräußerung und daraufhin erfolgten Entfernung eines einzelnen Erzeugnisses, bei dessen Herstellung die Tatsache verwendet wurde, aus dem Betrieb des Herstellers;

der Zusammenhang mit dem Betrieb dauert vielmehr solange fort, als der Inhaber des Betriebs ein berechtigtes wirtschaftliches Interesse an der Geheimhaltung der Beziehung der Tatsache zu seinem Gewerbebetrieb — hier der Bauart der Maschine — hat, weil ihr Bekanntwerden geeignet ist, den Wettbewerb des Konkurrenten zu steigern oder sonst den eigenen Betrieb zu schädigen. So lag der Fall hier. Auch der neben einem Geheimhaltungsinteresse erforderliche, nach außen erkennbare Geheimhaltungswille der Klägerin war nach Lage der Sache ohne weiteres gegeben, weil es sich bei dem verwickelten Bau der Maschine um einen geschäftlichen Vorgang handelte, dessen Nichtoffenbarung üblich ist oder bei dem es sich von selbst versteht, daß für den Geschäftsinhaber die Geheimhaltung gewerbliche Bedeutung hat; darauf wies schon die Tatsache hin, daß der Kläger die von ihm erbaute Maschine bis zum Nachbau durch den Beklagten 30 Jahre lang wettbewerbslos hergestellt hatte. Aus dieser Tatsache folgte auch, daß die Konstruktion der Maschine als Betriebsgeheimnis anzusehen war. Unter diesen Begriff fällt alles, was einem Gewerbebetrieb so eigentümlich ist, daß es in anderen Kreisen nicht oder doch nur vereinzelt zur Anwendung gelangt, und dessen Geheimhaltung vor den Wettbewerbern für den eigenen Betrieb wichtig ist. Die den Gegenstand des Geheimnisses bildende Tatsache braucht nicht neu zu sein; auch ein Verfahren, bei dem zur Herstellung eines bestimmten Erzeugnisses an sich bekannte Methoden angewendet werden, kann Gegenstand eines Betriebsgeheimnisses sein. Voraussetzung dafür ist nur, daß durch die Ausführung und Gestaltung besondere Vorteile erreicht werden. Daß die Maschine des Klägers zur Zeit der Nachahmung für die Öffentlichkeit unbekannt war, ergab sich schon daraus, daß der Beklagte sie nur nach einer Zerlegung und genauen Abmessung nachbilden konnte. (II, 22. November 1935.)

Amtl. Sammlg. S. 329—334.

Vgl. Bd. 65 S. 333; RGSt. Bd. 25 S. 48; Bd. 26 S. 30; Bd. 31 S. 91; Bd. 38 S. 108; Bd. 40 S. 406; Bd. 42 S. 394; Bd. 48 S. 13; JW. 1929 S. 1227, 3087.

60. Warenzeichen. Werbefilm. Motivschutz. (WZG. §§ 12, 13, 20.) Für ein Kaffeehandelsgeschäft waren zwei Warenzeichen eingetragen, die eine Kaffeekanne und eine

Kaffeetasse mit menschlichen Gesichtern darstellten. In einer Filmfabrik wurde ein Werbefilm für Kaffeegeschäfte hergestellt, der folgenden Inhalt hatte: Ein auf einem Tische stehendes Kaffeemaß wehrt sich gegen den Versuch einer Kaffeeschaufel, ihm Kaffee einzufüllen; das gleiche tut ein auf dem Tische stehendes Kaffeegeschirr, bestehend aus Kanne, Tasse, Milchkanne und Zuckerdose. Nun erscheint als Text ohne Bild der Name der Firma, für welche die Werbung veranstaltet wird. Darauf öffnen sich bereitwillig die einzelnen Geräte zur Aufnahme des Kaffees. Die Kaffeekanne und die Kaffeetasse waren auch im Film mit menschlichen Gesichtern versehen. Da der Inhaber des Kaffeehandelsgeschäfts der Vorführung der Films widersprach, klagte der Inhaber der Filmfabrik auf Feststellung, daß dieser Widerspruch nicht begründet sei. Der Inhaber des Kaffeegeschäfts erhob Widerklage auf Verbot der Vorführung des Films und Feststellung der Schadenersatzpflicht. Die Klage wurde daraufhin für erledigt erklärt; die Widerklage hatte Erfolg hinsichtlich des Verbots, nicht aber hinsichtlich des Anspruchs auf Schadenersatz. Die Beklagte genoß für ihre Kanne und Tasse als Warenzeichen Motivschutz; es handelte sich um besonders starke Zeichen, denen ein höchst eigenartiges Motiv zugrunde lag. Die Ausgestaltung der Kanne und der Tasse zu menschlichen Gesichtern wirkte überraschend, anregend und komisch auf die Beschauer; sie sollte diesen zu dem Gedanken führen, daß die angepriesene Ware durch ihre besondere Güte die Fröhlichkeit der dargestellten Gesichter rechtfertige. Eine warenzeichenmäßige Verwendung des Zeichens, welche das gleiche Motiv bildlich wiedergibt, kann die Verwechslungsgefahr für dies Motiv und Zeichen begründen, selbst dann, wenn die bildlichen Darstellungen in Einzelheiten verschieden sind; vorausgesetzt nur, daß das Motiv als solches für den Durchschnittsbeschauer zu erkennbarem Ausdruck gelangt. Das Werbefilmwesen muß sich wie jede neu auftretende, im Wettbewerb sich betätigende Technik dem durch den gewerblichen Rechtsschutz und insbesondere durch das Warenzeichengesetz geschaffenen Rechtszustand anpassen und die hierdurch geschaffenen Rechte beachten. Mit dem inneren Zweck des Gesetzes wäre es unvereinbar, wenn die sich in immer neuen Formen entwickelnde Technik eine Sonderstellung gegenüber älteren Arten der Reklame für ihre erfahrungsgemäß auf das Publikum besonders eindrucksvolle Werbung beanspruchen könnte. Voraussetzung für den Begriff warenzeichenmäßiger Benutzung eines Zeichens ist, daß die Verwendung in unmißverständlichem Zusammenhang mit dem Hinweis auf einen bestimmten Geschäftsbetrieb als den Hersteller der Ware erfolgt. Dieser Zusammenhang kann nicht nur durch gleichzeitige räumliche Verbindung auf einem Bilde hergestellt werden, sondern bei fortlaufenden Vorführungen, wie in der Lichtreklame und dem Film, auch durch die unmittelbare Aufeinanderfolge von Bildern, die, dem Beschauer erkennbar, miteinander zusammenhängen. Das Berufungsgericht hatte eine warenzeichenmäßige Benutzung der mit menschlichen Gesichtern ausgestatteten Kannen und Tassen verneint, weil nach seiner Auffassung die Art und Weise, wie diese Gegenstände mit dem im Film angepriesenen Kaffee anderer Geschäfte in Verbindung gebracht wurden, nicht dazu führte, daß eine nicht ganz unbeträchtliche Zahl der Zuschauer diese Kannen und Tassen als dem Zweck der Herkunftbezeichnung für die angepriesene Waren dienend ansahen, zumal die Kannen und Tassen in dem sehr kurzen Film nicht dauernd, sondern nur beim Sprechen menschliche Gesichter zeigten. Ein warenzeichenmäßiger Gebrauch eines Kennzeichens liegt aber schon dann vor, wenn das Zeichen im geschäftlichen Verkehr zur Bezeichnung einer Ware oder in bezug auf diese derart verwendet wird, daß der unbefangene Durchschnittsbeschauer annimmt oder doch annehmen kann, das Zeichen diene zur Unterscheidung der Ware von gleichen oder gleichartigen Waren anderer Herkunft, weise also auf ihren Ursprung aus einem bestimmten Geschäfte hin. Durch den Film sollte Kaffee von bestimmten Geschäften empfohlen werden. Daran hatten alle im Film auftretenden Gegenstände Anteil. Jede Verwendung des geschützten Zeichens oder des in ihm enthaltenen Motivs in dem Werbefilm war demgemäß als warenzeichenmäßige Benutzung anzusehen, soweit nicht die Art und Weise der Ankündigung auch den unbefangenen Durchschnittsbeschauer klar und unzweideutig erkennen ließ, daß es sich um die Ware eines anderen als des Inhabers des in dem Film vorgeführten Zeichens handelte. Daß die Kanne und die Tasse nur zeitweilig und als Rebenrollen mit menschlichen Gesichtern auftraten, stand dieser Annahme nicht entgegen. Daß bei den Warenzeichen des Beklagten teilweise die Firma oder ein Buchstabe beigefügt war, hob die Verwechslungsgefahr nicht auf, da das Publikum erfahrungsgemäß sein Augenmerk mehr auf das Bild im Warenzeichen richtet als auf die Firmenangabe. Durch § 13 WZG. wird nur der Gebrauch freigegeben, der den unbefangenen Durchschnittsverbraucher deutlich erkennen läßt, daß es sich lediglich um eine der dort bezeichneten Angaben handelt (z. B. Bestimmung und Beschaffenheit der Ware, Ware eines anderen als des Zeicheninhabers). Eine Beschaffenheitsangabe fällt nur dann unter § 13 WZG., wenn sie die Beschaffenheit unmittelbar wiedergibt und sie nicht erst, wie hier durch das Bild der Kaffeekanne unter Zuhilfenahme der Phantasie, versinnbildlicht. Die Klägerin hatte die Auffassung vertreten, daß eine zu praktischen Gebrauchszwecken erfolgende körperliche Verwendung einer Anordnung, die mit einem Bildzeichen übereinstimme, nicht in Zeichenrechte eingreife; das Auftreten von Gegenständen als handelnden Personen in einem Werbefilm bedeute nicht die Wiedergabe eines flächenmäßigen Bildes, sondern in Erfüllung einer eigenen Aufgabe des Werbefilms, eine körperliche, plastische Darstellung. Die körperliche Wiedergabe eines Warenzeichens beseitigt aber an und für sich noch nicht die Verwechslungsgefahr; übrigens ist auch das Filmbild flächenmäßig, wenn auch bestimmt und geeignet, den Eindruck des Körperlichen zu erwecken. Daß eine Gestaltung, die nicht als Unterscheidungsmerkmal einer Ware von einer anderen, sondern technischen Zwecken dienen soll, also das Warenzeichen funktionell verwendet, nicht unter den Schutz des Warenzeichens und der Ausstattung fällt, ist oft ausgesprochen worden. Im vorliegenden Falle handelte es sich aber nicht um eine den Gebrauchszweck der Ware fördernde Benutzung des der Verletzung des Warenzeichens zugrunde liegenden Gedankens, eine Verwertung des Zeichens in funktioneller oder technischer Art. Die Vermenschlichung der Geräte hatte mit deren Verwendung für die Zubereitung, die Aufbewahrung und das Ausschenken des Kaffees nichts zu tun; daß sie durch die besondere Eigenart des Films als eines sog. Trickfilms bedingt war, konnte den Eingriff in ein fremdes Warenzeichen nicht rechtfertigen. (II, 22. November 1935.) Amtl. Sammlg. S. 335—347. Vgl. Bd. 40 S. 67; Bd. 54 S. 173; Bd. 69 S. 31; Bd. 71 S. 386; Bd. 95 S. 211; Bd. 100 S. 253; Bd. 101 S. 375; Bd. 108 S. 3; Bd. 115 S. 235; JW. 1924 S. 187; 1927 S. 1565.

61. **Gutsüberlassungsvertrag. Rücktritt. Erbhof. Vertragsauslegung. Verwirkung.** (RErbhG. §§ 30, 31, 37; BGB. §§ 133, 157, 242, 275, 320, 323.) Im Jahre 1908 schloß die Witwe eines Bauern mit ihrem minderjährigen Sohn einen Erbteilungsvertrag, worin sie sich verpflichtete, das ihr durch das Ableben ihres Ehemannes zugefallene Anwesen ihrem Sohne auf dessen Verlangen, sobald er das 28. Lebensjahr vollendet haben würde, in der üblichen Weise für den Preis von 24000 ℳ zu übergeben. Später ging sie eine neue Ehe mit allgemeiner Gütergemeinschaft ein. Einige Grundstücke des Anwesens wurden wegverkauft, andere dazugekauft, so daß der Gesamtbestand des Anwesens 32 Hektar auf 33 Hektar anstieg. Im Jahre 1933 wurde das Anwesen als Erbhof erklärt. Der Sohn, der inzwischen 39 Jahre alt geworden war, klagte gegen seine Mutter und deren Ehemann auf Übergabe des Hofes. In zwei Rechtszügen wurden die Beklagten verurteilt, vorbehaltlich der Zustimmung des Anerbengerichts, dem Kläger den Hof gegen einen Übernahmepreis von 16000 *RM* und gegen Bestellung eines Altenteils für die beiden Beklagten im Jahreswert von 600 *RM* zu übergeben und aufzulassen. Das Reichsgericht verwies die Sache zurück. Der schuldrechtliche Vertrag, aus dem geklagt wurde, bedurfte nicht der Genehmigung des Anerbengerichts; diese ist nur für die Veräußerung, den dinglichen Rechtsvorgang, im Gegensatz zum schuldrechtlichen Grundgeschäft, erforderlich. Demgemäß konnte nicht behauptet werden, der Vertrag, der Jahrzehnte vor dem Inkrafttreten des Reichserbhofgesetzes geschlossen worden war, sei wegen Mangels der Genehmigung des Anerbengerichts nichtig. Die Nichtigkeit ergab sich auch nicht daraus, daß er ohne Genehmigung des Anerbengerichts nicht erfüllt werden konnte. Wenn die Genehmigung versagt wurde, trat Unmöglichkeit der Erfüllung ein, infolge deren der Schuldner von der Leistung befreit wurde. Solange die Genehmigung nicht rechtskräftig versagt war, stand eine solche

Unmöglichkeit nicht fest. Das ordentliche Gericht hatte nur darüber zu befinden, ob nach allgemeinem bürgerlichem Recht eine schuldenrechtliche Verpflichtung zur Veräußerung des Hofes bestand; dem Anerbengericht fiel die Entscheidung zu, ob die Erfüllung einer solchen Verpflichtung mit dem Grundgedanken und den Zielen des Reichserbhofgesetzes in Einklang zu bringen war. Eine Rangfolge der Gerichte besteht nicht. Ein Eigentumswechsel ohne Genehmigung des Anerbengerichts ist ausgeschlossen, weil das Grundbuch den Nachweis dieser Genehmigung vor der Umschreibung verlangen muß. Die Untergerichte hatten die Verurteilung der Beklagten vorbehaltlich der Genehmigung des Anerbengerichts ausgesprochen; dieses Vorbehalts hätte es nicht bedurft. Die Umgestaltung des bäuerlichen Bodenrechtes gab den Beklagten, von denen der Ehemann für die von der Ehefrau eingegangenen Verpflichtungen nach § 1459 BGB. auch persönlich haftete, kein Recht, die Erfüllung des Übergabevertrags abzulehnen. Nach der Rechtsprechung der Anerbengerichte muß ein Übergabevertrag, um genehmigt werden zu können, das Wesen vorweggenommener Erbfolge haben; die Leistungen des Übernehmers an die Übergeber und Geschwister sind nach den für die Erbfolge kraft Anerbenrechts geltenden Grundsätzen des Reichserbhofgesetzes auszurichten. Aus § 242 BGB. folgte weiter, daß die Übergabe nicht verlangt werden konnte, wenn sich die Verhältnisse derart geändert hatten, daß ein solches Verlangen Treu und Glauben widersprechen würde. So lagen aber die Verhältnisse hier nicht. Die Entwertung der vereinbarten Gegenleistung konnte nur zu deren Aufwertung, nicht zur Lösung des Vertrages führen. Der Einwand der Verwirkung des Klageanspruchs ließ sich schon darum nicht halten, weil die für Sondergebiete des Rechts entwickelten Grundsätze, nach denen Nichtverfolgung eines Anspruchs während eines langen Zeitraums zur Verwirkung führt, keine Ausdehnung auf das Gebiet des allgemeinen bürgerlichen Rechts vertragen. Daß sich der Bestand des Anwesens im Laufe der Jahre einigermaßen geändert hatte, machte nichts aus. Das Berufungsgericht hatte den Vertrag dahin ausgelegt, daß unwesentliche Veränderungen des Bestandes nicht zur Zerreißung des Hofes führen sollten; eine solche Auslegung verstieß weder gegen eine

Rechtsnorm noch gegen Denkgesetze und anerkannte Auslegungsregeln. Den Übergabepreis hatten die Untergerichte nach Anhörung der Kreisbauernkammer festgesetzt. Das wurde vom Reichsgericht nicht gebilligt. Es war vom Übergabevertrag und den bei seinem Abschluß bestehenden Verhältnissen auszugehen. Der damalige Wert des Anwesens war mit dem im Vertrag festgesetzten Übernahmepreis zu vergleichen und dadurch das Maß der Begünstigung zu ermitteln, die der Kläger als Sohn der Übergeberin genießen sollte. Sodann war der gegenwärtige Wert des Hofes festzustellen, wobei darauf zu achten war, daß sich die Bewertung von der im Jahre 1908 angewandten tunlichst nicht unterscheide. Dieser Betrag war dann, um den Übernahmepreis zu ermitteln, in dem gleichen Maße herabzusetzen, wie der Hofwert im Jahre 1908. Die mündelsichere Beleihungsgrenze, die regelmäßig das Höchstmaß der Belastung eines Erbhofs ergibt, konnte für die Genehmigung des Anerbengerichts von Bedeutung sein; die Entscheidung über die Aufwertung des Übernahmepreises durfte aber dadurch nicht beeinflußt werden. Wurde die Genehmigung verweigert, so mußte der Kläger sich damit abfinden, daß den Beklagten die von ihnen auf Grund des Vertrags geschuldete Leistung infolge eines von ihnen nicht zu vertretenden Umstandes unmöglich geworden war. Im neuen Urteil war auch zu berücksichtigen, daß die Beklagten zur Übergabe und Auflassung nur Zug um Zug gegen Bewirkung der Gegenleistung des Klägers verurteilt werden durften; demgemäß war auch deutlich auszusprechen, wieweit der Übernahmepreis alsbald zu zahlen, wieweit er hypothekarisch sicherzustellen war, ob er zum Teil durch die Gewährung eines näher zu bestimmenden Altenteils abgegolten werden konnte. (V, 21. November 1935.)

Amtl. Sammlg. S. 348—357.

Vgl. Bd. 142 S. 312; Bd. 144 S. 22, 231; JW. 1934 S. 2697; 1935 S. 433, 610, 1979.

62. Zusatzpatent. Nichtigkeit. (PatG. §§ 7, 10.) Zu einem Patent wurde ein Zusatzpatent erteilt. Der Inhaber des Hauptpatents klagte auf Nichtigkeit des Zusatzpatents mit der Begründung, daß es sich bei diesem nicht um eine weitere Ausbildung des Hauptpatents handle, sondern um ein Patent, das lediglich eine Aufgabenstellung ohne Lösung enthalte und schon deshalb für nichtig erklärt werden müsse. Die Klage hatte keinen Erfolg. Im Nichtigkeitsverfahren ist zu prüfen, ob der Inhalt des angefochtenen Patents neu, fortschrittlich und erfinderisch und ob er nicht wesensgleich dem Gegenstand eines früheren Patents ist. Dagegen ist nicht Aufgabe des Nichtigkeitsverfahrens die Prüfung, ob für ein Zusatzpatent die innere Beziehung zu dem Hauptpatent vorhanden ist, die den Gegenstand der Erfindung als Verbesserung oder weitere Ausbildung des Hauptpatents erscheinen läßt. Ob für den Patentinhaber die bei der Bezeichnung des Patents als Zusatzpatent gesetzlich vorgesehenen Folgen zu Recht eintreten, hat mit der Frage, ob ein Patentschutz zu Recht verliehen worden ist, nichts zu tun. (I, 30. November 1935.) Amtl. Sammlg. S. 357—358.

Vgl. Bd. 148 S. 297.

63. Wasserbauten. Schadenersatz. Ausschlußwirkung. (PrWassG. §§ 164, 172.) Durch die Verlegung eines Deiches an der Elbe wurde Land, das bisher im Überschwemmungsgebiet lag, aus diesem herausgerückt. Der Eigentümer klagte gegen das Deutsche Reich auf Schadenersatz, weil das Land, das früher durch die Überschwemmung natürliche Düngung erhalten habe und als Wiese wertvoll gewesen sei, nun nur noch geringwertiger als Ackerland bewirtschaftet werden könne. In zwei Rechtszügen wurde die Klage abgewiesen. Das Reichsgericht verwies die Sache zurück. Das Berufungsgericht hatte angenommen, daß der Kläger seinen Anspruch, wenn ihm ein solcher zugestanden haben sollte, dadurch verloren habe, daß er ihn in dem Planfeststellungsverfahren, auf Grund dessen der neue Deich angelegt wurde, nicht geltend gemacht hatte; gegenüber dem Vorbringen des Klägers, daß die öffentliche Bekanntmachung des Unternehmens nicht ordnungsmäßig erfolgt sei, hatte es den Standpunkt eingenommen, daß diese Frage vom Gericht nicht geprüft werden könne. Das Reichsgericht hob demgegenüber hervor, daß zur Aburteilung über den Entschädigungsanspruch, die im Wege der ordentlichen Gerichtsbarkeit erfolgt, dem Wesen nach auch die Entscheidung darüber gehört, ob die Ausschließung des Anspruchs als Wirkung der Planfeststellung angenommen werden kann. Das ist dann zu verneinen, wenn das Planfeststellungsverfahren mit einem so schweren Fehler behaftet ist, daß dadurch die Erscheinung seines Zweckes, die Geltendmachung etwaiger Ansprüche innerhalb einer Ausschlußfrist und vor der Beschlußfassung der Feststellungsbehörde herbeizuführen, wesentlich beeinträchtigt wird; denn dann verliert eine Ausschließung wegen Versäumnis der zur Geltendmachung von Ansprüchen gesetzten Frist ihre innere Berechtigung. Ein solcher Fehler lag hier darin, daß in der Bekanntmachung das Unternehmen nicht richtig und vollständig bezeichnet war, so daß der Kläger keinen Grund zu der Annahme hatte, sein Grundstück werde durch die auszuführenden Arbeiten berührt werden. Als Beschädigung eines Grundstücks kann auch die Beeinträchtigung seiner Ertragsfähigkeit durch eine auf Veränderung des Wasserstandes beruhende Entziehung nützlicher Hochwasserüberschwemmungen angesehen werden. (V, 6. Dezember 1925.) Amtl. Sammlg. S. 358—364.

64. **Haftpflichtversicherung. Doppelversicherung. Gesamtschuldverhältnis.** (VersVertrG. §§ 55, 59; BGB. § 426.) Der Besitzer eines Hundes war gegen Haftpflicht für die von dem Hunde angerichteten Schäden bei zwei Gesellschaften versichert. Die eine Gesellschaft wurde auf eine hohe Entschädigung in Anspruch genommen und klagte gegen die andere Gesellschaft auf Ausgleich. In allen Rechtszügen wurde die Klage abgewiesen. Die Vorschrift, daß bei Doppelversicherung die Versicherer als Gesamtschuldner anzusehen sind, läßt sich auf die Haftpflichtversicherung nicht anwenden. Doppelversicherung im Sinne dieser Vorschrift liegt nur vor, wenn die Versicherungssummen zusammen den Versicherungswert übersteigen. Der Haftpflichtversicherung ist aber ein Versicherungswert unbekannt. Versicherungswert ist der Wert des versicherten Interesses; darunter kann aber nichts verstanden sein als der Wert, den der Versicherungsnehmer zur Zeit des Vertragsschlusses dem versicherten Interesse beilegt. Ein solcher Wert kann bei der Haftpflichtversicherung, im Gegensatz zu anderen Schadensversicherungen, nicht vorhanden sein, weil bei ihr die Gefahr der Belastung mit Ansprüchen Dritter nicht einem bestimmten Gegenstand oder bestimmten Gegenständen, sondern dem gesamten Vermögen des Versicherungsnehmers, und zwar grundsätzlich in unbegrenztem Umfange, droht.

Diese Gefahr ist unübersehbar und unmeßbar; man kann sie im voraus, zur Zeit des Versicherungsbeginnes, niemals bestimmen, sondern nur für den einzelnen Vertrags- oder Versicherungsfall vertragsmäßig beschränken. Daraus folgt, daß eine Anzahl von Vorschriften für die Schadensversicherung auf die Haftpflichtversicherung nicht anwendbar sind, so vor allem jene Vorschriften, die einen bestimmten Versicherungswert voraussetzen. Zu diesem gehört § 59 VersVertrG. Der dort vorgesehene Maßstab für die Ausgleichhaftung der mehreren Versicherer würde auch nicht in allen Fällen der vollen Billigkeit entsprechen, namentlich dann nicht, wenn die von den verschiedenen Gesellschaften vereinnahmten Beträge verschieden hoch sind. Daß bei der Haftpflichtversicherung der Versicherte mehrere Versicherer über den Betrag des ihm erwachsenen Haftpflichtschadens hinaus in Anspruch nehmen könnte, ist schon durch § 55 VersVertrG. ausgeschlossen; eine versicherte Beziehung ist nicht mehr vorhanden, soweit einer der mehreren Versicherer in Anspruch genommen worden ist und sein Eintreten zur Befriedigung des Geschädigten und Befreiung des Versicherungsnehmers geführt hat. Auch auf die Vorschriften über die Gesamtschuld ließ sich die Klage nicht stützen. Man kann unbedenklich davon ausgehen, daß mehrere Versicherer, die im Einvernehmen miteinander ein Interesse gegen alle Gefahr versichern, sofern mit dem Versicherungsnehmer nichts anderes vereinbart ist, als Gesamtschuldner haften und infolgedessen untereinander ausgleichspflichtig sind. § 59 VersVertrG. läßt ein solches Gesamtschuldverhältnis auch dann entstehen, wenn die mehreren Versicherer ohne inneren Zusammenhang ein Interesse gegen alle Gefahr versichert haben, und trifft dafür eine besondere Regelung. Dies ist aber eine ausgesprochene Ausnahmeregelung und kann nicht auf Verhältnisse ausgedehnt werden, für die sie nach der erkennbaren Absicht des Gesetzgebers nicht bestimmt ist. (VII, 6. Dezember 1935.) Amtl. Sammlg. S. 365—374.

65. Seefrachtvertrag. Verfügung von höherer Hand. (HGB. § 606.) Eine Reederei in Hamburg übernahm im Sommer 1931 einen Frachtvertrag über eine größere Menge von Waffen zur Beförderung über See nach Hongkong. Nach dem Konnossement war die Ware in Hongkong an Order auszuliefern. Während das Schiff sich unterwegs befand, erhielt die Reederei von ihrem Vertreter in Shanghai Nachricht, die chinesische Zentralregierung verlange, daß das Schiff in Shanghai anlege, damit sie die Waffen in Beschlag nehmen könne; wenn die Weisung nicht befolgt würde, würde das als Verschwörung gegen die Zentralregierung angesehen werden. Die Reederei gab darauf dem Kapitän des Schiffes Weisung, nach Shanghai zu fahren. Dort wurden die Waffen gegen den Widerspruch des Kapitäns ausgeladen und gingen verloren. Der Inhaber des Konnossements klagte gegen die Reederei auf Schadenersatz. In allen Rechtszügen wurde die Klage abgewiesen. Das Konnossement enthielt die Klausel, daß der Reeder nicht verantwortlich sei für Schäden, Einbußen und Verluste, die durch Verfügungen von höherer Hand verursacht würden. Als eine Verfügung von höherer Hand ist auch eine Drohung anzusehen, die sich zwar nicht gegen Schiff und Ladung, wohl aber gegen den Eigentümer des Schiffs richtet. Der beklagten Reederei drohte die Vernichtung ihrer Agenturen, Wegnahme ihrer Dampfer und Strafverfolgung ihrer Angestellten; wenn sie es unter solchen Umständen vorzog, dem Befehl der Zentralregierung zu gehorchen, konnte ihr nicht vorgeworfen werden, daß sie damit ihre eigenen Belange unbilligerweise denen der Ladungsbeteiligten vorangestellt habe. (I, 11. Dezember 1935.) Amtl. Sammlg. S. 374—379.

66. Armenrecht. Wiedereinsetzung in den vorigen Stand. (ZPO. §§ 233, 234.) Auf die Klage der Ehefrau war die Ehe aus Verschulden des Ehemanns geschieden und dessen Widerklage abgewiesen worden. Das Urteil wurde beiden Parteien am 29. Oktober 1934 zugestellt. Am 24. November bat der Beklagte um die Bewilligung des Armenrechts. Das Gesuch wurde am 7. Dezember abgewiesen; der Beschluß wurde am 13. Dezember dem Beklagten zugestellt. In einem Schriftsatz von diesem Tage, der am 14. Dezember bei Gericht einging, brachte der Beklagte zur Begründung seines Gesuchs die neue Tatsache vor, daß seine Frau ihn durch eine falsche Anzeige um seine Stellung zu bringen versucht habe. Auf Grund der angestellten Ermittlungen wurde durch Beschluß vom 31. Januar 1935 dem Beklagten das Armenrecht bewilligt.

Er legte am 5. Februar Berufung ein und bat um Wiedereinsetzung in den vorigen Stand. Der Antrag wurde abgelehnt. Die Revision des Beklagten hatte keinen Erfolg. Das Unvermögen einer Partei, ohne Beeinträchtigung des für sie und ihre Familie notwendigen Unterhalts die Kosten des Rechtsstreites zu tragen, ist für sie zunächst ein unabwendbarer Zufall, durch den sie verhindert wird, die Berufungsfrist einzuhalten. Zur Beseitigung dieses Hindernisses kann sie um Bewilligung des Armenrechts nachsuchen. Dies Gesuch muß sie so frühzeitig vor dem Ablauf der Berufungsfrist einreichen, daß bei Bewilligung des Armenrechts der bestellte Armenanwalt noch rechtzeitig die Berufung einlegen kann, und daß bei Versagung des Armenrechts ihr selbst noch die Möglichkeit offen bleibt, für die Einlegung der Berufung durch Aufstellung eines Prozeßbevollmächtigten zu sorgen. Ist das Armenrechtsgesuch rechtzeitig gestellt, so darf die arme Partei mit der Einlegung der Berufung solange zuwarten, bis ihr die auf das Gesuch ergehende Entscheidung bekannt gegeben wird. Geschieht das erst nach Ablauf der Berufungsfrist, so erwächst ihr aus diesem Umstand ein Wiedereinsetzungsgrund gegen den Fristablauf; das Gesuch muß unter Nachholung der Berufung binnen zwei Wochen gestellt werden. Wird das Gesuch abgewiesen, so ist durch die neuere Rechtsprechung der armen Partei noch eine angemessene kurze Frist zur Beschaffung der nötigen Geldmittel und zum Aufsuchen eines Anwalts zugebilligt worden; dann beginnt für sie die zweiwöchige Frist zum Wiedereinsetzungsantrag und zur Nachholung der Berufung. Es genügt nicht, daß die Partei innerhalb dieser Frist ein neues, sich wieder als unbegründet erweisendes Armenrechtsgesuch stellt; denn es kann der armen Partei nicht gestattet werden, durch Wiederholung unbegründeter Gesuche den Ablauf der Berufungsfrist und den Eintritt der Rechtskraft des Urteils beliebig hinauszuschieben. Wird auf Grund des wiederholten Gesuchs der frühere Beschluß aufgehoben, weil das Gericht sich davon überzeugt hat, daß in diesem der Sachverhalt unrichtig beurteilt war, so ist die Rechtslage so zu beurteilen, als wenn ein das Armenrecht versagender Beschluß auf eingelegte Beschwerde aufgehoben worden wäre; in diesem Falle ist die anfängliche Ablehnung als unabwendbarer

Zufall anzusehen. Anders ist aber die Sachlage zu beurteilen, wenn das Berufungsgericht seinen ersten Beschluß auf Grund nachträglichen neuen Vorbringens der armen Partei aufgehoben hat. Hier kann eine Wiedereinsetzung in den vorigen Stand gegen den inzwischen erfolgten Ablauf der Berufungsfrist nicht bewilligt werden, und zwar auch dann nicht, wenn es sich um Tatsachen handelt, die erst später eingetreten oder der armen Partei erst später bekannt geworden sind. Die Wiedereinsetzung in den vorigen Stand würde hier eine durch nichts gerechtfertigte Besserstellung der armen Partei im Vergleich mit einer nicht armen Partei bedeuten; diese kann auf Tatsachen, die ihr erst nach Ablauf der Berufungsfrist bekannt geworden sind und ihre Berufung aussichtsreich erscheinen lassen, keinen Antrag auf Wiedereinsetzung stellen. Die arme Partei, deren Antrag auf Bewilligung des Armenrechts abgewiesen worden ist, muß innerhalb der ihr durch die Rechtsprechung eingeräumten kurzen Frist unter allen Umständen die Berufungseinlegung nachholen und den Antrag auf Wiedereinsetzung stellen; es genügt nicht, daß sie innerhalb dieser Frist ein neues Armenrechtsgesuch stellt, auch wenn ihr zur erfolgreichen Begründung dieses Gesuches neue Tatsachen zur Verfügung stehen. (IV, 16. Dezember 1935.)

Amtl. Sammlg. S. 379—384.

Vgl. Bd. 70 S. 120; Bd. 117 S. 304; Bd. 141 S. 399; JW. 1929 S. 3152; 1930 S. 3311; 1935 S. 1493.

67. **Gesellschaft mit beschränkter Haftung. Beitrittsverpflichtung. Zuckerwirtschaft. Rechtsweg.** (G.m.b.H.G. §§ 55, 56; HGB. § 213; BGB. § 134; ZuckWirtschO. vom 10. November 1934 § 10; SchiedsGerVO. vom 26. Februar 1935 § 34; GVG. § 13; ZPO. § 274). Eine G. m. b. H. betrieb eine Zuckerfabrik. Das Stammkapital von 645000 *RM* wurde am 22. Mai 1931 auf 725000 *RM* erhöht. Ursache dieser Erhöhung war ein Abkommen, das mit einer Aktiengesellschaft abgeschlossen wurde. Diese verpflichtete sich, ihre Zuckerfabrik stillzulegen und der G. m. b. H. zu übereignen, entband auch ihre Aktionäre für den Fall, daß sie Gesellschafter der G.m.b.H. würden, von der Rübenlieferungspflicht; die G.m.b.H. räumte den Aktionären das Recht ein, Geschäftsanteile zu erwerben, und zwar sollten sie für je zwei Aktien An-

spruch auf einen Geschäftsanteil über 750 RM haben. In der Gesellschafterversammlung der G.m.b.H., in der die Erhöhung des Stammkapitals beschlossen wurde, wurde auch dieses Abkommen genehmigt. Zu den Aktionären gehörte auch eine Aktiengesellschaft, die ebenfalls eine Zuckerfabrik inne gehabt, sie aber seit langer Zeit stillgelegt hatte und nur noch Rübenwirtschaft betrieb. Diese erklärte sich der G.m.b.H. gegenüber zu notarieller Urkunde bereit, entsprechend ihrem Aktienbesitz Geschäftsanteile der G.m.b.H. zu erwerben. Die G.m.b.H. legte mit dem Beschluß auf Erhöhung ihres Aktienkapitals auch diese Abmachungen vor und meldete für die Aktiengesellschaft die Übernahme einer Stammeinlage von 3000 RM an. Zwischen der G.m.b.H. und der Aktiengesellschaft entstand ein Streit darüber, wieviel Rüben diese an die G.m.b.H. zu liefern habe. Der Klage der G.m.b.H. gab das Berufungsgericht im wesentlichen statt; die Revision der beklagten Aktiengesellschaft hatte Erfolg. Nach § 10 der Verordnung über den Zusammenschluß der deutschen Zuckerwirtschaft vom 10. November 1934 sind alle Streitigkeiten zwischen Rübenbauern und Zuckerfabriken über Rübenlieferungsverpflichtungen durch Schiedsgerichte, die entsprechend der Verordnung zu bilden sind, zu entscheiden. Diese Vorschrift findet auch auf Rechtsstreitigkeiten Anwendung, die schon vor Erlaß der Verordnung anhängig geworden sind. Für diesen Teil der Klage war also der Rechtsweg nicht zulässig. Weiter hatte die Klägerin beantragt, die Beklagte zur Abnahme von Geschäftsanteilen in der Höhe von 3750 RM zu verurteilen. Das Berufungsgericht hatte der Klage auch nach dieser Richtung stattgegeben. Das Reichsgericht verwies die Sache zurück. Ein Vertrag, durch den einer Gesellschaft gegenüber die Verpflichtung übernommen wird, nach einer Erhöhung des Stammkapitals einen Geschäftsanteil zu übernehmen, ist rechtlich möglich; wenn die Verpflichtung formgültig eingegangen ist, kann die Erfüllung durch rechtskräftiges Urteil nach § 894 ZPO. erzwungen werden. Notarielle Beurkundung ist nicht nur für die Übernahmeerklärung selbst, sondern auch für die Verpflichtung zur Übernahme erforderlich. Daraus folgt allerdings nicht, daß die Verpflichtungserklärung auch inhaltlich den für die Übernahmeerklärung in §§ 55, 56 G.m.b.H.G. vorgesehenen Erfordernissen entsprechen müßte. Von der Verpflichtungserklärung kann im allgemeinen inhaltlich nicht mehr verlangt werden, als daß im Streitfalle der Inhalt der versprochenen Leistungen festgestellt werden kann. Dem einen Zweck der Formvorschrift, nämlich den Beteiligten die Bedeutsamkeit der von ihnen abzugebenden Willenserklärung zum Bewußtsein zu bringen, ist damit Genüge geschehen. Die weitere Zweckbestimmung der Form, nämlich die, Dritten gegenüber Grundlagen der Gesellschaft, die Deckung eines neuen Kapitalabschnitts, ersichtlich zu machen, trifft für die bloße Verpflichtungserklärung zur Übernahme einer neuen Kapitaleinlage nicht zu, weil diese Erklärung als solche weder bestimmt noch geeignet ist, als Eintragungsunterlage zu dienen. Aus der Erklärung im Zusammenhang mit den darin in bezug genommenen Verträgen und Vertragsanträgen der Klägerin ergab sich, daß die Beklagte sich zu einer Gesamtbeteiligung und Übernahme von Geschäftsanteilen in der Höhe von 3750 *RM* verpflichtete (je einen Anteil von 750 *RM* für zwei ihrer Aktien). Nur lag der Fall insofern eigenartig, als die Klägerin nur die Übernahme einer neuen Stammeinlage von 3000 *RM* und daneben die Annahme der Abtretung eines Geschäftsanteils in der Höhe von 750 *RM* verlangte. Rechtliche Bedenken waren hiegegen nicht zu erheben. Gewiß bestehen zwischen dem Beitritt zu einer G. m. b. H. unter Erhöhung des Stammkapitals durch Übernahme einer neuen Stammeinlage und dem Erwerb eines schon bestehenden Geschäftsanteils in rechtlicher und wirtschaftlicher Hinsicht weitgehende Verschiedenheiten; wenn aber bei der Verpflichtung zum Beitritt der Gesellschaft überlassen wird, in welcher Form dieser sich vollziehen soll, kann das rechtsgrundsätzlich nicht beanstandet werden. Der Formvorschrift des § 15 G. m. b. H. war genügt. Ob die Klägerin nach dem Gesetz und der Satzung zur Abtretung eines Geschäftsanteils in der Höhe von 750 *RM* in der Lage war, konnte dahingestellt bleiben; wenn das nicht zutraf, konnten eben die Änderungen im Handelsregister nicht eingetragen werden. Die beklagte Gesellschaft hatte sich darauf berufen, daß der Kapitalerhöhungsbeschluß nichtig sei. Wenn das zutraf, konnte allerdings ihr Beitritt nicht verlangt werden, weil die Klägerin nicht in der Lage war, ihr Mitgliedschaftsrechte zu verschaffen. Eine Nichtigkeit konnte sich daraus ergeben, daß der Beschluß schlechtweg nur auf Erhöhung des Stammkapitals um 80000 RM lautete, während in Wirklichkeit eine Verpflichtung zu einer Bareinlage von keiner Seite übernommen werden wollte. Aus den Handelsregisterakten war aber deutlich zu ersehen, daß die Belegung eines neuen Kapitalabschnitts durch Sacheinlagen beschlossen worden war. Sachenrechtlich mußte freilich verlangt werden, daß die Sacheinlagen einen bilanzmäßig erfaßbaren Wert hatten. Auch das traf zu; insbesondere waren die Rübenlieferungsansprüche, die ohne Gegenposten für das zu liefernde Entgelt gar nicht bewertet werden können, nicht als Einlagegegenstand behandelt worden. Dagegen ergab sich gegen die Rechtsgültigkeit der maßgebenden Verträge das Bedenken, daß durch sie an die Aktionäre Ausschüttungen aus dem Gesellschaftsvermögen festgelegt wurden, die nach den §§ 213, 215 HGB. während des Bestehens der Gesellschaft unzulässig sind. Nach dieser Richtung war der Sachverhalt noch zu prüfen. (II, 13. Dezember 1935.)

Amtl. Sammlg. S. 385—400.

Vgl. Bd. 50 S. 47; Bd. 66 S. 116; Bd. 73 S. 47; Bd. 74 S. 358; Bd. 101 S. 423; Bd. 102 S. 63; Bd. 103 S. 303; Bd. 110 S. 367; Bd. 146 S. 244; JW. 1903 S. 2248; 1927 S. 645.

68. **Werklieferungsvertrag. Positive Vertragsverletzung. Mängelrüge. Beweislast.** (BGB. § 640.) Eine Asphaltplattenpresse wurde um 24000 RM zur Lieferung bestellt. Sie erwies sich alsbald nach der Lieferung als unbrauchbar, weil der Preßtisch brach. Auch nachdem dieser Fehler behoben war, wies die Maschine noch verschiedene Mängel auf; außerdem ging der Preßtisch neuerdings in Brüche. Der Besteller verlangte daraufhin Rücknahme der Presse und Rückgabe der gezahlten Beträge. Der Klage auf Zahlung der Restvergütung setzte er eine Widerklage auf Rückzahlung von 9800 RM entgegen. Die Klage wurde abgewiesen; die Widerklage drang durch. Als nach der ersten Ausbesserung die Presse abgenommen wurde, wußte der Beklagte nicht, daß die Gefahr des Tischbruchs fortbestand und ob die Leistung von 500 Platten, die zugesichert worden war, dauernd erzielt werden konnte Hienach waren dem Beklagten Mängel der Presse

unbekannt, die deren Wert und deren Tauglichkeit zu dem gewöhnlichen und nach dem Vertrag vorausgesetzten Gebrauch minderten. Diese Mängel erkannte er nicht schon deshalb, weil ihm die äußeren Fehler der Presse bekannt waren, sondern erst dann, wenn er wußte, daß sie die angegebene Wirkung hatten. Es handelte sich insbesondere um die Anbringung einer automatischen Sicherung, die der Kläger abgelehnt hatte. Nachdem durch ein Sachverständigen-Gutachten während des Rechtsstreits festgestellt worden war, daß eine solche Sicherung unbedingt angebracht werden mußte, lag eine Fahrlässigkeit des Klägers als Inhaber einer Maschinenfabrik darin, daß er, auch nachdem der Bruch des Tisches wegen dieses Mangels eingetreten war, diesen Mangel nicht erkannte; jedenfalls wäre es seine Sache gewesen, die Umstände darzutun, die diese Fahrlässigkeit ausschlossen. Der Umstand, daß das Gutachten erst während des Rechtsstreits erstattet wurde, reichte hierfür nicht aus. Diese positive Vertragsverletzung gab dem Beklagten nach § 325 BGB. ein Recht zum Rücktritt. Nun aber war der Beklagte schon vor dieser vom Kläger begangenen positiven Vertragsverletzung in Schuldnerverzug gekommen, weil er die Restzahlungen nicht leistete. Das hatte zur Folge, daß er das Recht zum Rücktritt vom Vertrag wegen positiver Vertragsverletzung des Klägers verloren hatte; dies Recht steht nur dem Vertragsteil zu, der selbst den Vertrag genau erfüllt hat. Der Beklagte hätte also erst zurücktreten können, nachdem er seine Restzahlungen geleistet hatte. Dieser Pflicht war er aber unter den gegebenen Verhältnissen entbunden. Ein Vertragsteil kann auch ohne Beseitigung seiner eigenen Vertragswidrigkeit die Wirkungen ernstlicher Erfüllungsweigerung des anderen Teils geltend machen, wenn dieser kundgegeben hat, auf seiner Erfüllungsweigerung auch dann zu beharren, wenn der eine Teil alles tun würde, um seinerseits den Vertrag zu erfüllen. Es wäre zwecklos, hier dem einen Teil eine Leistung zuzumuten, die er sofort wieder zurückverlangen könnte. Daß auf Seite des Klägers eine solche endgültige Weigerung vorlag, hatte das Berufungsgericht festgestellt. (VII, 10. Dezember 1935.)

Amtl. Sammlg. S. 401—404.

Vgl. Bd. 67 S. 313; Bd. 109 S. 54; Bd. 120 S. 193.

Gesetzesregister.

Seitenzahlen der amtlichen Sammlung.

1 1—6; **2** 6—8; **3** 9—12; **4** 12—19; **5** 19—25; **6** 25—29; **7** 29—31; **8** 31—34; **9** 34—45; **10** 45—51; **11** 51—62; **12** 63—64; **13** 65—68; **14** 69—75; **15** 75—80; **16** 81—83; **17** 83—88; **18** 88—92; **19** 93—95; **20** 96—102; **21** 102—110; **22** 110—114; **23** 114—121; **24** 121—128; **25** 129—134; **26** 135—139; **27** 140—143; **28** 143—148; **29** 148—157; **30** 157—167; **31** 167—172; **32** 172—180; **33** 180—182; **34** 182—187; **35** 187—191; **36** 191—192; **37** 193—195; **38** 195—199; **39** 200—202; **40** 202—205; **41** 205—213; **42** 213—215; **43** 215—223; **44** 224—231; **45** 232—234; **46** 235—240; **47** 240—242; **48** 242—251; **49** 251—256; **50** 257—270; **51** 271—274; **52** 275—281; **53** 282—286; **54** 286—293; **55** 293—304; **56** 305—312; **57** 312—320; **58** 321—328; **59** 329—334; **60** 335—347; **61** 348—357; **62** 357—358; **63** 358—364; **64** 365—374; **65** 374—379; **66** 379—384; **67** 385—400; **68** 401—404.

Sachregister.

FSC
www.fsc.org
MIX
Papier | Fördert
gute Waldnutzung
FSC® C083411

Kolibri 360 GmbH
Ferdinand-Jühlke-Straße 7
99095 Erfurt, Deutschland
produktsicherheit@kolibri360.de